新能源汽车底盘拆解模块化指导训练

主 编 张 阳
副主编 王开楠 衣志文
参 编 王宇光 汪旷达

华中科技大学出版社
中国·武汉

内 容 简 介

本书为新能源汽车技术领域的学习者设计,涵盖了新能源汽车底盘的整体认知与各大系统的故障排除技术,通过训练项目,帮助学习者掌握底盘系统维修的关键技术。本书共分为五大项目,从新能源汽车的底盘结构入手,逐步深入到传动系统、转向系统、行驶系统以及制动系统的拆装与故障排除,详细介绍了系统的构造与工作原理,并通过思政导学,激发学习者的行业热情和责任感,使学习者在掌握技术的同时,培养正确的职业态度和团队合作精神。本书适合职业教育院校的学生以及新能源汽车维修技术人员参考使用。

图书在版编目(CIP)数据

新能源汽车底盘拆解模块化指导训练 / 张阳主编. -- 武汉 : 华中科技大学出版社,2025.1.
ISBN 978-7-5772-1432-0
Ⅰ. U463.1
中国国家版本馆 CIP 数据核字第 2025GJ8936 号

新能源汽车底盘拆解模块化指导训练　　　　　　　　　　　　　　　　张　阳　主编
Xinnengyuan Qiche Dipan Chaijie Mokuaihua Zhidao Xunlian

策划编辑:	金　紫
责任编辑:	陈　骏
封面设计:	原色设计
责任校对:	李　琴
责任监印:	朱　玢

出版发行:华中科技大学出版社(中国・武汉)　　电话:(027)81321913
　　　　　武汉市东湖新技术开发区华工科技园　　邮编:430223

录　　排:华中科技大学惠友文印中心
印　　刷:武汉市洪林印务有限公司
开　　本:787mm×1092mm　1/16
印　　张:9.75
字　　数:255千字
版　　次:2025年1月第1版第1次印刷
定　　价:48.00元

本书若有印装质量问题,请向出版社营销中心调换
全国免费服务热线:400-6679-118　竭诚为您服务
版权所有　侵权必究

前言
Preface

  本书是一本为新能源汽车领域的教学和实践精心设计的教材,旨在为学习者提供全面、系统的新能源汽车底盘维修技术训练。本书的内容涵盖新能源汽车底盘的整体认知,传动系统、转向系统、行驶系统和制动系统的故障排除与维修,通过项目—学习任务式的教学方式,帮助学生在掌握理论知识的同时,提升实际操作能力。

  本书深入贯彻落实职业教育二十大精神,以"深化产教融合、校企合作"为核心,聚焦"增强职业教育适应性,加快构建现代职业教育体系",紧密结合新能源汽车产业发展需求,推动"岗课赛证"融通,强化实践教学与创新能力培养,为培养高素质技术技能人才、能工巧匠、大国工匠提供有力支撑,助力实现职业教育高质量发展和制造强国战略目标。

  本书在结构上采用项目式设计,每个项目对应一个独立的技术领域,便于学生系统学习和教师教学管理。同时,本书还结合了多种教学手段,通过图文结合的方式,帮助学生更好地理解复杂的技术内容。

  本书不仅适用于职业院校的学生,也为在职技术人员提供了一个系统学习和提高专业技能的参考。本书的出版,不仅有助于提高学生的技术水平,更能为我国新能源汽车技术的普及和发展做出积极的贡献。

  本书在编写过程中,充分利用了内蒙古交通职业技术学院现有的实训设备和工具,包括各种品牌的新能源汽车,如特斯拉、丰田、本田、比亚迪等,以及大量新能源汽车专用台架和工具。这些设备和工具为本书的编写提供了坚实的基础,使得书中的内容能够紧密结合实际,帮助学生更好地理解和掌握新能源汽车底盘技术。

  在本书的编写过程中,团队特别注重教材的前沿性和实用性,以确保学生所学内容符合最新的技术标准和行业发展趋势。本书编写团队如下。

张阳，长期从事新能源汽车技术与底盘教学工作，具有丰富的实践教学经验和深厚的理论基础，负责项目一、项目二和技术故障排除的编写工作。张阳具有硕士学位，研究方向为汽车底盘技术，自 2015 年以来一直从事新能源汽车底盘相关课程的教学工作，致力于培养学生的实际操作能力和技术创新意识。

王开楠，讲师，现任内蒙古交通职业技术学院汽车工程系的实践教学科干事，负责项目五的编写工作。王开楠专注于新能源汽车底盘的检修与故障排除，具有多年教学经验，擅长将理论知识与实践操作相结合。

衣志文，中级职称，现任赤峰凯富达汽车服务有限公司运营总监。衣志文专注于新能源汽车底盘维护工作，具有丰富的实践经验，为本书的企业实践部分提供了重要的技术支持和实践指导。

王宇光，讲师，现任内蒙古交通职业技术学院汽车工程系的实践教学科干事，负责项目三的编写工作。王宇光专注于新能源汽车底盘的维护，具有丰富的教学和实践经验。

汪旷达，讲师，内蒙古交通职业技术学院汽车工程系教师，负责项目四的编写工作。汪旷达专注于新能源汽车底盘检修，对新能源汽车的底盘系统有独到的见解。

本书数字资源列表

电动汽车
发展现状

四驱系统

新能源底盘转向系统
设计理念分析

新能源底盘转向
系统优劣势

斜交轮胎

承载式车身

纯电动汽车电子控制制动
系统设计理念深度剖析

新能源汽车再生制动
系统的优劣势剖析

目录
Contents

项目一　新能源汽车底盘整体认知　……………………………………………………（1）
　学习任务一　新能源汽车的发展历程　………………………………………………（2）
　学习任务二　新能源汽车四大系统介绍与整车结合　………………………………（5）

项目二　新能源汽车底盘传动系统故障排除　………………………………………（11）
　学习任务一　认知不同传动形式　……………………………………………………（12）
　学习任务二　自动变速器拆装检修　…………………………………………………（20）
　学习任务三　减速驱动桥拆装检修　…………………………………………………（30）

项目三　新能源汽车底盘转向系统故障排除　………………………………………（37）
　学习任务一　汽车机械转向系统检修　………………………………………………（38）
　学习任务二　汽车电子动力转向系统检修　…………………………………………（49）

项目四　新能源汽车行驶系统故障排除　……………………………………………（55）
　学习任务一　车轮与轮胎拆装　………………………………………………………（56）
　学习任务二　新能源汽车悬架拆装检修　……………………………………………（71）
　学习任务三　新能源汽车四轮定位　…………………………………………………（80）
　学习任务四　车架与车桥　……………………………………………………………（88）

项目五　新能源汽车制动系统故障排除 ……………………………………………………（93）
　　学习任务一　新能源汽车制动系统概述 …………………………………………（94）
　　学习任务二　制动器结构与拆装 …………………………………………………（99）
　　学习任务三　电子控制制动系统检修 ……………………………………………（123）
　　学习任务四　再生制动系统检修 …………………………………………………（143）

项目一　新能源汽车底盘整体认知

思政导学

探索新能源汽车发展历程，激发国家自豪感和行业热情

　　在学习本项目时，我们不仅会深入探讨新能源汽车的技术细节，还将回顾这一领域的发展历程。新能源汽车已成为国家能源战略的重要组成部分，每一步进展都离不开技术革新和政策支持。

　　通过深入了解新能源汽车的发展历程和技术演进，我们将逐渐意识到，新能源汽车早已超越了单纯的交通工具范畴，它象征着国家在科技领域的进步和创新能力的提升。每一次技术突破和产业升级，不仅展示了中国在全球新能源汽车市场中的领导地位，也体现了国家对未来能源安全的深远规划和坚定决心。随着国家政策支持的力度的加强与技术人才的不断涌现，新能源汽车行业的飞速发展成为绿色能源革命的重要推动力。理解这些背后的故事，我们感受到这个行业所承载的激情与责任，激发出对这个领域的深厚热爱与使命感。在学习的过程中，这种技术自豪感将转化为推动我们不断进步的动力。

　　在掌握专业技能的同时，我们应激发对这个行业的热爱和责任感。作为新时代的技术人才，我们将有机会为国家的绿色发展和能源转型贡献力量。让我们一起探索这片充满希望的领域，坚定信心，为国家的科技进步增光添彩。

学习目标

1. 掌握新能源汽车的发展历程及现状

深入了解新能源汽车从早期发展到当前技术的演变过程及其市场现状,形成对新能源汽车整体进步的系统认识。

2. 探讨新能源汽车在国家能源战略中的重要性

分析新能源汽车如何在国家能源战略中发挥关键作用,理解其对能源结构优化和环境保护的贡献。

3. 激发对新能源汽车行业的热情与民族自豪感

通过对新能源汽车技术和行业发展的学习,增强对这一前沿领域的兴趣和热情,同时培养对国家科技进步的自豪感。

学习任务一　新能源汽车的发展历程

1. 早期阶段

19世纪后期,工业革命已经带来了许多技术突破和创新。汽车作为一种交通工具,引发了众多发明家的兴趣,他们尝试使用不同的动力源来驱动汽车。

1881年,法国发明家古斯塔夫·特鲁夫(Gustave Trouvé)设计并制造了世界上第一辆电动汽车,这一创举标志着电动交通工具的诞生。特鲁夫的电动汽车使用铅酸电池作为动力源。虽然铅酸电池的能量密度有限,续航里程和速度都受到一定限制,但这一创新已经展现了电动驱动技术的潜力和可行性。

这辆电动汽车的出现引起了当时社会的广泛关注。人们对于电动驱动技术在实际交通工具中的应用表现出了极大的兴趣和好奇心。

特鲁夫的电动汽车不仅仅是一辆车,更是一项技术的展示和实践。它证明了电动驱动技术在实际应用中的可行性,为未来电动汽车的发展奠定了基础。

第一辆电动汽车(图1-1)的出现,不仅是技术历史上的一个里程碑,也为后来电动汽车技术的发展奠定了基础,并对社会产生了深远的影响。

20世纪初,电动汽车在美国市场上占据了显著地位,特别是在城市出租车市场。它们因为具有操作简便、运行安静和无尾气排放等优点而受到城市居民的欢迎。

纽约、芝加哥等大城市的街头随处可见电动出租车。这些车辆成为城市短途出行的主要选择,占据了相当大的市场份额。

相较于当时的内燃机汽车,电动汽车具有操作简便、运行安静的优点。这使得它们在城市环境中更受欢迎,尤其是在需要降低噪声污染的环境中。

电动汽车不产生尾气,这在当时人们尚未普遍树立环保意识的情况下也吸引了不少消费者。这种无尾气排放的特点在当时的城市环境中具有重要意义,有助于改善空气质量和减少环境污染。

图 1-1　第一辆电动汽车

波士顿电动车公司和纽约电动车公司是当时主要的电动汽车制造商,它们生产的电动汽车满足了城市短途出行的需求。它们在城市出租车市场上占据了一席之地,为当时的城市交通提供了重要的服务。

20 世纪初的电动汽车市场虽然后来被内燃机汽车市场所取代,但当时的电动汽车产业在城市交通领域有着重要的地位,为城市居民提供了清洁、便捷的交通选择。

尽管电动汽车在早期表现优异,但其仍存在着一些显著的技术劣势,这导致了它们在市场上逐渐被淘汰,让内燃机汽车成为主流选择。电动汽车的技术劣势如下。

（1）电池续航能力不足:早期电动汽车所使用的电池技术导致了续航能力有限,无法满足长途行驶的需求,这限制了它们的实用性。

（2）充电时间过长:与加油便捷的内燃机汽车相比,电动汽车的充电时间较长,这增加了用户的等待时间,降低了使用便利性。

内燃机技术的快速进步使得汽油车在续航里程、加油便捷性和生产成本等方面展现出巨大优势。

亨利·福特的流水线生产方式极大地降低了汽油车的生产成本,使其价格大幅下降,普及了汽油车的使用。在与内燃机汽车的竞争中,电动汽车逐渐失去了市场份额,生产量和使用量逐年减少。到 20 世纪中期,电动汽车基本退出了市场,成为较为边缘的交通选择,内燃机汽车成为主导市场的车型。

电动汽车在早期存在的技术劣势以及内燃机汽车的迅速普及,导致了电动汽车逐渐失去市场,直到近年来才重新受到重视并得到发展。

2. 中期阶段

20 世纪 70 年代,石油危机使全球对石油资源的依赖性和价格波动产生了深刻的认识,各国政府开始重新审视能源政策,寻求替代能源。

随着工业化进程加快,空气污染和环境保护问题日益严重。电动汽车因其无尾气排放的特性,再次受到关注。

多家企业开始投入电动汽车技术的研发,试图通过技术突破解决电动汽车的续航和充电问题。

1996年，通用汽车公司推出了EV1纯电动汽车。EV1纯电动汽车具有较高的技术水平，后因市场和政策原因停止生产。它的推出标志着现代电动汽车研发的开始。

1997年，丰田汽车公司推出了普锐斯（图1-2），这是一款混合动力汽车，在全球范围内取得了巨大成功，展示了混合动力技术的实际应用价值。

图1-2　第一代丰田普锐斯汽车

许多国家开始制定支持电动汽车的政策，包括研发补助、税收优惠和市场推广支持等，为电动汽车的发展创造了有利条件。

3. 现代阶段

21世纪初，2003年成立的特斯拉公司通过Model S等车型，推动了高性能电动汽车的市场化。特斯拉公司的快速发展不仅证明了电动汽车的市场潜力，还带动了整个行业的技术进步。

在电池技术、电机效率和电控系统等方面取得的突破，使电动汽车的性能和续航能力显著提升。锂离子电池成为主流动力电池，逐步取代了传统的铅酸电池。

2010年后，电动汽车在全球市场的销售量迅速增长。中国、欧洲和北美成为主要市场，政府的补贴政策和环保法规进一步推动了电动汽车的普及。

充电基础设施的发展成为电动汽车推广的关键。各国政府和企业加大对充电站建设的投入，快速充电技术（简称快充技术）和标准化充电接口的应用，提升了电动汽车使用的便利性。

随着生产规模的扩大和技术的进步，电池成本显著下降，使电动汽车的价格逐渐接近甚至低于传统燃油车。

21世纪20年代，电动汽车成为行业发展方向。多个国家和地区宣布了禁售燃油车的时间表，加快了向电动汽车转型的步伐。欧盟、中国、英国等地区纷纷出台相关政策，计划在未来几十年内全面禁止销售燃油车。

电动汽车技术日益成熟，续航里程不断增加，充电时间大幅缩短。固态电池、氢燃料电池等新技术的研发，为电动汽车未来的发展提供了更多可能性。

除了乘用车，电动化进程扩展到商用车、公共交通工具和两轮车等领域，进一步推动了整个交通系统的绿色转型。

电动汽车发展现状

学习任务二　新能源汽车四大系统介绍与整车结合

1. 动力系统

动力系统包括电池、电机及动力控制系统。

1) 电池

新能源汽车常用的电池类型主要包括锂离子电池、磷酸铁锂电池和固态电池。每种电池类型在能量密度、充电速度、安全性和成本等方面各有特点。

（1）锂离子电池：能量密度较高，充电速度较快，广泛应用于各类电动汽车，但其在高温下存在安全隐患，需要较好的温度管理系统。

（2）磷酸铁锂电池：能量密度稍低于锂离子电池，但具有较高的安全性和较长的循环寿命，适用于对安全性要求较高的应用场景。

（3）固态电池：处于研发和初步应用阶段，理论上具有更高的能量密度和安全性，充电速度也更快，但目前成本较高，技术还不成熟。

电池的性能主要包括以下几个方面。

（1）能量密度：指单位重量或体积下的储能能力。高能量密度的电池能够提供更长的续航里程。

（2）功率密度：指单位重量或体积下的输出功率。高功率密度的电池能够提供更强的加速性能。

（3）充放电速度：决定了电池的充电时间和放电能力。快充技术的发展能够显著减少充电时间。

（4）循环寿命：指电池在多次充放电循环后的性能保持情况。长循环寿命电池可以减少更换频率，降低使用成本。

（5）安全性：指电池在极端条件下的稳定性，包括高温、低温、过充和过放等情况。安全性高的电池能够减少安全事故的发生。

2) 电机

常见的电机类型包括永磁同步电机（PMSM）、交流感应电机（ACIM）和开关磁阻电机（SRM）。

（1）永磁同步电机（PMSM）：特点是效率高、功率密度大、扭矩特性好，但控制相对复杂、成本较高，广泛应用于高性能电动汽车，如图 1-3 所示。

图 1-3　永磁同步电机

(2) 交流感应电机（ACIM）：特点是结构简单、成本较低、耐用性好，但效率和功率密度稍逊于PMSM，常用于中低端电动汽车。

(3) 开关磁阻电机（SRM）：特点是结构简单、耐高温、成本低，能够适应恶劣工况，但控制复杂，噪声和振动较大，应用较少。

电机的性能主要包括以下几个方面。

(1) 效率：指电能转换为机械能的效率。高效率电机可以提高车辆的整体能效，减少能量损耗。

(2) 功率密度：指单位重量或体积下的功率输出。高功率密度电机可以提供更大的动力输出，提升车辆性能。

(3) 扭矩特性：指电机在不同转速下的扭矩输出。良好的扭矩特性可以提供平稳的加速和制动性能。

(4) 速度范围：指电机能够正常工作的转速范围。广泛的速度范围可以提高车辆的适应性，满足不同的驾驶需求。

3) 动力控制系统

动力控制系统通过调节电机的工作状态，实现电能向机械能的高效转换。主要组件包括电机控制器（逆变器）、电池管理系统（BMS）和驱动控制器。

(1) 电机控制器（逆变器）：根据车辆的行驶需求，调节电机的转速和扭矩。电机控制器（逆变器）将电池输出的直流电转换为电机所需的交流电，并通过调节电流和电压，实现电机的高效运行。

(2) 电池管理系统（BMS）：监控电池状态，确保电池的安全和高效运行。BMS通过传感器实时监测电池的电压、电流、温度等参数，并根据监测结果调整充放电策略，防止过充、过放和过热现象，延长电池寿命。

(3) 驱动控制器：协调各个部件的工作，保证车辆的平稳和高效运行。驱动控制器根据车辆的行驶状态和驾驶员的指令，智能调配电机的输出功率，控制车辆的加速、减速和转向，提供最佳的驾驶体验。

2. 驱动系统：从电机到车轮的动力传递

1) 电驱动系统结构

电驱动系统的核心组件包括电机、传动装置（如减速器和差速器）和驱动轴。电机通过传动装置将动力传递给驱动轴，再通过驱动轴将动力传递到车轮。

(1) 电机：作为动力源，电机将电能转换为机械能，驱动车辆前进。电动汽车通常配备一个或多个电机，根据车辆设计的不同，电机可以安装在车轴上、车轮内部或中央位置。

(2) 传动装置：包括减速器和差速器等。减速器的作用是降低电机的高转速，提高扭矩输出，使车辆在低速时也能获得足够的驱动力。差速器用于调节两侧车轮的转速差，保证车辆在转弯时平稳行驶，防止轮胎打滑或拖曳。

(3) 驱动轴：连接传动装置和车轮，负责将动力从传动装置传递到车轮。驱动轴需要具备足够的强度和刚性，以承受传递过程中的高扭矩和复杂的力。

电驱动系统通常包括以下几个主要部分。

(1) 电机：数量和布局因车型而异，可能是前置、后置或四轮驱动。

(2) 减速器：调节电机转速和扭矩输出，确保车辆能够在不同速度和负载下平稳运行。

(3) 差速器：调节两侧车轮的转速差，尤其在车辆转弯或不同路况下行驶时，保持行驶稳定性。

（4）驱动轴：将传动装置的动力传递给车轮，保障车辆的运动。

2）驱动控制技术

驱动控制技术包括电机控制、扭矩分配控制和牵引力控制。

（1）电机控制：通过调节电流和电压，实现电机的高效运行。电机控制器根据驾驶员的操作和车辆行驶状态，动态调整电机的输出功率和转速，提供平稳的加速和制动性能。

（2）扭矩分配控制：根据车辆的行驶状态，智能调配各个电机的输出扭矩。例如，在四轮驱动的电动汽车上，扭矩分配控制系统可以根据道路条件和驾驶需求，合理分配前后轴和左右车轮的扭矩，提高车辆的牵引力和操控性能。

（3）牵引力控制：通过调节轮速和扭矩，防止车轮打滑，提升车辆的行驶稳定性。牵引力控制系统可以实时监测各个车轮的转速和扭矩，当检测到打滑时，系统会迅速调整电机输出或实施制动，恢复轮胎抓地力，确保车辆在湿滑或松散路面上的行驶安全。

驱动控制技术可以显著提升新能源汽车的动力性能和行驶稳定性，提供优异的驾驶体验，实现更高的能源利用效率。

在高速公路上行驶时，电机控制系统会根据驾驶员的油门操作和当前速度，调节电机的输出功率，确保车辆在高速下稳定行驶；在城市道路上，扭矩分配控制系统可以优化车辆在频繁起步和停车时的动力输出，提高行驶舒适性和能效；在冰雪或泥泞路面上，牵引力控制系统可以防止车轮打滑，保障车辆的安全通过性。

随着电驱动技术的发展，越来越多的新能源汽车开始采用集成式电驱动系统，将电机、减速器和差速器集成在一个模块中，减小体积和重量，提高传动效率和可靠性。此外，驱动控制技术也在不断进步，例如通过人工智能和大数据分析，实现更加智能化和自适应的扭矩分配和牵引力控制，进一步提升车辆的动力性能和行驶安全性。

3. 能量管理系统：能源的存储、转换和利用

1）电池管理系统（BMS）

电池管理系统（BMS）负责监控和管理电池的充放电状态，确保电池在安全范围内工作，并延长电池寿命。BMS 的主要功能如下。

（1）电池状态监测：实时监测电池的电压、电流、温度等参数，及时掌握电池的运行状态。

（2）电池均衡管理：通过均衡管理技术，维持各个电池单元的电压和容量一致，防止单个电池单元的过充或过放。

（3）温度管理：监控电池的温度，调节冷却或加热系统，保证电池在最佳温度范围内运行。

（4）故障诊断：检测电池系统中的故障，提供预警信息，防止电池出现危险状况。

BMS 通过传感器实时监测电池的电压、电流、温度等参数，根据监测结果调整充放电策略，确保电池的安全和高效运行。同时，BMS 通过均衡管理技术，维持各个电池单元的一致性，防止过充或过放现象。例如，当某个电池单元的电压过高时，BMS 会降低其充电速度，或通过放电电路将其电量分散到其他电池单元，保持整个电池组的平衡。

2）能量回收系统

能量回收系统（图 1-4）的作用是将车辆制动和减速过程中的动能转换为电能并存储在电池中，提高能源利用效率。

图 1-4　新能源汽车能量回收系统

当车辆减速或制动时,电机反向工作,作为发电机将动能转换为电能,通过逆变器将电能传输到电池进行存储,其具体过程如下。

(1) 减速和制动:当驾驶员松开油门踏板或踩下制动踏板时,车辆开始减速或制动。

(2) 电机反向工作:电机由驱动模式切换到发电模式,开始将车辆的动能转换为电能。

(3) 逆变器作用:逆变器将由电机产生的交流电转换为直流电,并传输到电池。

(4) 电能存储:电池将接收到的电能存储起来,以备后续使用。

通过能量回收系统,车辆能够在日常行驶中回收一部分能量,显著提高续航能力和能源利用效率,减少能源消耗。

3) 充电系统

充电系统通过充电桩或充电器将电能传输到电池中,实现电池的充电过程。充电系统包括交流充电(慢充)和直流充电(快充)两种方式。

交流充电是指通过车载充电器将交流电转换为直流电,适用于家庭或公共场所的慢速充电。典型的家庭充电桩提供 220 V 交流电,充电功率一般在 7~22 kW 之间,适合过夜充电。

直流充电是指直接将高压直流电传输到电池,适用于快速充电需求。直流充电桩通常安装在高速公路服务区和公共充电站,充电功率可以达到 50~350 kW 甚至更高,能够在短时间内为电动汽车提供大量电能。

随着科技的进步,快充技术和无线充电技术逐步成熟,为用户提供了更多的充电选择。

快充技术通过高功率充电设备,实现电池的快速充电。先进的快充技术可以在 20~30 分钟内将电池充电至 80%,大大减少充电时间,提高用户的充电便利性。

无线充电技术通过电磁感应或磁共振方式,实现电动汽车的非接触式充电。无线充电系统由充电板和接收装置组成,车辆停放在充电板上方即可开始充电,无须插拔充电插头,提供了更加便捷的充电体验。

4. 智能网联系统:车辆的智能化和网络化

1) 车载智能终端

车载智能终端是车辆的智能化中枢,提供多种功能,包括导航、娱乐、通信和车辆控制,其具体功能如下。

(1) 导航:提供实时路线规划、交通状况更新和位置服务,帮助驾驶员选择最佳行驶路线。

(2) 娱乐:支持音乐播放、视频观看、在线流媒体和游戏,丰富驾驶员和乘客的娱乐体验。

(3) 通信：实现蓝牙、无线局域网和蜂窝网络连接，支持免提通话、短信等社交媒体应用。

(4) 车辆控制：通过人机交互界面（如触摸屏、语音识别等），实现驾驶员与车辆系统的互动，控制车内设备（如空调、车窗等）和检查车辆状态。

车载智能终端通过传感器、摄像头和通信模块，收集车辆和环境数据，并通过计算平台进行处理和分析，提供实时的驾驶辅助和信息服务。其具体工作原理如下。

(1) 数据收集：传感器和摄像头收集车辆行驶状态和周围环境的信息，如速度、位置、道路情况等。

(2) 数据处理：计算平台对收集的数据进行处理和分析，生成导航路线、播放娱乐内容或提供驾驶建议。

(3) 人机交互：通过触摸屏、语音识别等人机交互界面，驾驶员可以与系统互动，执行各种操作。

(4) 通信连接：通过无线网络，车载智能终端可以与外部服务器连接，实现远程监控和诊断、实时交通信息更新等功能。

2）车联网技术

车联网技术实现了车辆与其他车辆（V2V）、基础设施（V2I）和网络（V2N）的互联互通，提供交通信息共享、远程控制、车辆监控等服务。其主要功能如下。

(1) 交通信息共享：实时共享车辆位置、速度、路况等信息，提升交通管理效率。

(2) 远程控制：通过手机或其他设备，车主可以远程控制车辆的启动、锁车、空调等功能。

(3) 车辆监控：实时监控车辆的运行状态，提供故障诊断和维护建议。

车联网技术通过无线通信技术（如 5G、LTE-V）和云计算平台，将车辆数据传输到云端进行分析和处理，提供各种服务。其具体工作原理如下。

(1) 无线通信：通过 5G 或 LTE-V 网络，车辆的实时数据将传输到云端服务器。

(2) 云计算：云端服务器对接收到的数据进行处理和分析，生成交通信息、远程诊断报告等。

(3) 数据反馈：将处理结果通过无线网络反馈给车辆，提供实时交通信息、远程控制指令等服务。

(4) OTA 升级：通过无线网络实现车辆软件的在线升级，提升车辆的性能。

3）自动驾驶基础

自动驾驶技术通过传感器、算法和控制系统，实现车辆在无人工干预下的自主驾驶。自动驾驶技术提高了驾驶安全性和便利性，具体功能如下。

(1) 环境感知：通过传感器感知车辆周围的环境信息，如其他车辆、行人、道路标志等。

(2) 决策规划：通过算法分析环境信息，制订行驶路线和驾驶策略。

(3) 车辆控制：通过控制系统执行加速、转向和制动等操作，实现车辆的自主驾驶。

自动驾驶系统通过摄像头、雷达和超声波传感器等设备，感知车辆周围的环境信息，其具体工作原理如下。

(1) 环境感知：摄像头、雷达和超声波传感器收集周围环境的信息，如障碍物、车道线、交通信号等。

(2) 数据处理：系统通过人工智能算法对感知数据进行处理，生成驾驶决策，如转向角度、加速或减速等。

（3）决策执行：控制系统根据生成的驾驶决策，执行加速、转向和制动等操作，实现车辆的自主驾驶。

（4）分级自动化：根据自动化程度，自动驾驶技术分为 L0 至 L5 级，其中 L5 级为完全自动驾驶，无须驾驶员干预。

项目二　新能源汽车底盘传动系统故障排除

思政导学

激发团队合作与积极态度，探索动力前进之道

在深入学习新能源汽车底盘传动系统故障排除知识与技能的过程中，我们不仅要掌握该领域的专业知识，更要通过实际操作和团队合作来增强综合能力。在解决问题的过程中，我们会发现团队协作的重要性。这种学习方式不仅能够提高个人的技术水平，还会帮助我们深刻理解团队工作的价值所在，让个人在团队中更加自觉地承担责任，培养出责任感和协作精神。

我们将接触新能源汽车底盘传动系统的最新技术知识和实际应用，这些前沿内容可以扩展专业视野，使我们对行业的发展方向有更清晰的认识。我们将学习电动机驱动系统的设计原理、能量回收系统的工作机制，以及电池管理系统如何与底盘传动系统协同工作等。这些技术的不断进步正在推动新能源汽车行业向更高效、更环保的方向发展。在课程的实践部分，我们将有机会应用这些前沿技术知识，参与实际项目的设计与故障排除，从而加深对它们的理解，帮助我们在未来的职业生涯中做出更明智的决策，为成为新能源汽车领域的技术专家打下坚实的基础。

在整个学习过程中，积极的学习态度将成为推动我们不断进步的动力，为未来的职业发展奠定坚实的基础。

学习目标

1. 掌握新能源汽车不同传动形式的基本原理

通过学习纯电动汽车和混合动力汽车的底盘传动形式,理解其工作原理及结构特点,为后续的故障排除奠定基础。

2. 提高自动变速器的拆装与检修能力

深入学习自动变速器的类型、拆装要点以及常见故障的检修方法,培养解决实际问题的能力。

3. 熟悉减速驱动桥的结构与故障分析

掌握主减速器和差速器的工作原理、拆装流程,以及驱动桥的故障分析与排除,提升对关键部件的诊断与维修技能。

学习任务一　认知不同传动形式

1. 纯电动汽车底盘传动形式认知

1)纯电动汽车的传动系统概述

纯电动汽车(BEV)是一种以电动机作为主要动力源的车辆。与传统内燃机汽车不同,纯电动汽车不依赖燃油,而是通过电池储存的电能驱动电动机,为车辆提供动力。其传动系统的主要组成部分包括电动机、传动装置和车轮。

(1)电动机。

①功能。

电动机是纯电动汽车的核心动力源,将电池提供的电能转换为机械能。电动机通过旋转产生的动力直接驱动车轮,实现车辆的行驶。

②类型。

a. 永磁同步电机(PMSM):采用永磁体作为定子,具有高效率和高功率密度,适用于对性能要求较高的车辆。

b. 交流感应电机(ACIM):通过电磁感应原理产生旋转磁场,具有结构简单、成本较低的优点,广泛用于中低端车型。

c. 开关磁阻电机(SRM):利用电流通过绕组产生的磁场,控制转子位置和转速,具有较高的耐用性和可靠性,但控制复杂度较高。

(2)传动装置。

①功能。

传动装置负责将电动机产生的机械动力传递到车轮。它包括减速器和差速器等组件,调节动力输出以适应车辆行驶的需求。

②组成。

a. 减速器：将电动机的高转速降低到适合车轮的低转速，同时增加输出扭矩。减速器的设计和配置直接影响车辆的加速性能和爬坡能力。

b. 差速器：在车辆转弯时调节两侧车轮的转速差，确保车轮在不同路况下的牵引力均衡，从而提高车辆的稳定性和操控性。

（3）车轮。

①功能。

车轮是传动系统的最终输出端，直接与地面接触，实现车辆的移动。车轮的设计和材质对车辆的操控性、舒适性和安全性具有重要影响。

②驱动布局。

a. 前驱（前置前驱）：电动机安装在前轴，驱动前轮。前驱系统适用于城市通勤和日常驾驶场景，能够提供良好的操控性和空间利用率。

b. 后驱（后置后驱）：电动机安装在后轴，驱动后轮。后驱系统通常用于高性能车型，能够提供更好的加速性能和操控稳定性。

四驱系统

c. 四驱（全轮驱动）：电动机分别安装在前轴和后轴，实现四轮驱动。四驱系统适用于各种复杂路况，能够提供更好的牵引力和稳定性，如图 2-1 所示。

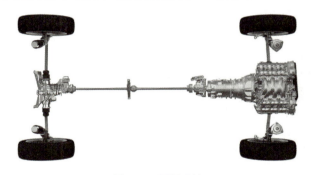

图 2-1　四驱系统

（4）整体工作流程。

①电池供电：电池储存的电能通过电池管理系统（BMS）调节，确保电量充足和电池状态安全。

②电动机工作：电池通过电机控制器（逆变器）向电动机提供电力，电动机将电能转化为机械能，产生旋转运动。

③动力传递：电动机的旋转动力通过减速器和差速器传递到车轮，实现车辆的移动。减速器降低电动机的高转速，增加输出扭矩；差速器调整车轮的转速差，保证车辆在转弯时的稳定性。

④车轮驱动：车轮将传递来的机械能转化为车辆的行驶动力，推动车辆前进。车轮的设计和配置直接影响车辆的操控性和舒适性。

2）电动机驱动系统的形式

电动机驱动系统是电动汽车动力传递的核心组成部分。根据电动机数量和配置方式的不同，电动机驱动系统可以分为单电机驱动系统和多电机驱动系统两种主要形式。每种形式都有其独特的优缺点，适用于不同的应用场景。

(1) 单电机驱动系统。

①定义。

单电机驱动系统指在车辆的前轴或后轴上配置一个电动机,该电动机直接驱动车轮。具体来说,单电机驱动系统可以是前驱(前置前驱)或后驱(后置后驱)系统。这种设计结构使得电动机的动力输出集中在车辆的一端。

②优点。

a.结构简单:单电机驱动系统的设计和制造相对简单,只需要一个电动机和基本的传动装置(如减速器和差速器)。这种简化的设计减少了系统的复杂性,易于生产和维护。

b.成本较低:由于只配置一个电动机,单电机驱动系统的生产成本较低,适用于预算有限的车型。单电机驱动系统降低了车辆的总体成本,使车辆在市场上具有更高的竞争力。

③缺点。

a.动力分配有限:单电机驱动系统无法提供四轮驱动能力,因此在某些复杂路况下(如雪地、泥地或湿滑道路),它的性能可能不如多电机驱动系统。由于动力集中在一个轴上,车辆在这些条件下的牵引力可能不足。

b.牵引力不足:在高负载情况下,如快速加速或爬坡时,单电机驱动系统可能无法提供足够的牵引力。电动机的功率和扭矩有限制,因此在一些需要高动力输出的驾驶场景中,单电机驱动系统的表现可能不如预期。

(2) 多电机驱动系统。

①定义。

多电机驱动系统指在前轴和后轴上各配置一个或多个电动机。这种配置可以形成全轮驱动(AWD)或四轮驱动(4WD)系统,通过同时驱动前后车轮来提供动力。这种系统可以实现更强的动力输出和更好的车辆控制。

②优点。

a.动力强劲:多个电动机可以同时提供动力,极大地提升了车辆的加速性能和最大动力输出性能。这种系统能够满足高性能车型对强大动力的需求,使得车辆能够快速起步和高速行驶。

b.更好的操控性:多电机驱动系统可以智能地分配各个电动机的动力,通过精确控制前后车轮的牵引力来提升车辆的操控性。这种智能动力分配使得车辆在行驶过程中更加稳定,能够应对各种复杂的驾驶条件。

c.四轮驱动能力:通过在前后轴配置电动机,车辆可以实现四轮驱动,提升了行驶稳定性和通过能力。四轮驱动系统使车辆能够适应复杂的路况,如湿滑或崎岖道路,提供更好的牵引力和安全性。

③缺点。

a.系统复杂:多电机驱动系统的设计和维护相对复杂,需要协调多个电动机的工作,涉及更复杂的控制算法和传动机制。这使得系统的集成和调试更加困难。

b.成本较高:由于配备了多个电动机及其相关控制系统,多电机驱动系统的成本较高。这增加了车辆的总体价格,可能限制了其在某些市场的普及。

3)驱动布局

电动汽车的驱动布局决定了动力如何传递到车轮,进而影响车辆的操控性、性能和适应能力。常见的驱动布局包括前驱(前置前驱)、后驱(后置后驱)和四驱(全轮驱动)。每种布局有其特点和特定的适用场景。

(1) 前驱(前置前驱)。

①定义。

前驱系统是指电动机安装在车辆的前轴上,驱动前轮。电动机通过前轴直接为前轮提供动力,这种布局使得车辆的动力系统集中在前部。

②特点。

a.适用性:前驱系统适用于城市通勤和日常驾驶场景。由于前驱布局具有较好的操控性和空间利用率,许多城市用车和家庭轿车采用这种布局。

b.空间利用:前驱布局通常具有较好的车内空间利用率。由于电动机和动力传递系统集中在前部,后部空间可以设计得更宽敞。车内乘客和行李的空间都能得到有效利用。

c.车重分配:前驱系统的电动机和传动系统的重量大部分集中在前轴,这有助于在正常行驶情况下提供更好的牵引力和稳定性。同时,这种布局可以减轻车辆的整体重量,提高电池续航能力或燃油经济性。

d.稳定性:前轮驱动能够提供较好的牵引力,尤其是在前轮承受更多重量的情况下。这种布局能够在一定程度上减少车轮打滑现象,提高驾驶稳定性。

(2) 后驱(后置后驱)。

①定义。

后驱系统(图 2-2)是指电动机安装在车辆的后轴上,驱动后轮。电动机通过后轴向后轮提供动力,这种布局使得车辆的动力系统集中在后部。

图 2-2　后驱系统

②特点。

a.性能:后驱系统通常提供更好的加速性能和后驱动力,适用于高性能车型和运动型车辆。后驱布局可以实现更高的动力输出,适用于需要快速加速和对运动性能要求高的车辆。

b.操控性:后驱布局能够在高速行驶时提供更好的动力分配和操控性。电动机位于后轴,前部的驱动轮不会受到动力干扰,从而提升了车辆的操控性和稳定性。

c.空间利用:后驱系统将驱动部分集中在后轴,使前部空间更大,能够更好地设计宽敞的车内布局,前部设计可以更灵活,提供更多的设计可能性。

d.稳定性:后驱系统能够在高速行驶和弯道驾驶中提供更好的稳定性。后轮的驱动能够改善车辆的行驶平稳性,提升操控性,尤其在加速和高速行驶中表现优越。

(3) 四驱(全轮驱动)。

①定义。

四驱系统是指电动机分别安装在前轴和后轴上,实现四轮驱动。该系统通过前后轴上的电动机同时驱动四个车轮,从而提供全轮驱动能力。

②特点。

a. 适用性:四驱系统使车辆能够适应各种复杂路况,如泥泞、冰雪或崎岖道路。它能够提供更好的稳定性和牵引力,适用于需要应对多种路况的车辆,如越野车和多功能车。

b. 操控性:四驱系统通过智能分配动力,能够显著提升车辆在各种路况下的操控性。系统能够根据实时路况和驾驶需求,调节前后轴的动力分配,提供更稳定的行驶体验。

c. 稳定性:四驱系统在恶劣天气下或越野驾驶时表现尤为出色。它能够提升车辆的牵引力和稳定性,防止车轮打滑,增强驾驶信心。

d. 性能:四驱系统的智能动力分配能够提供出色的驾驶性能,尤其在复杂路况下表现优异。它能够适应各种驾驶条件,提升整体驾驶体验。

2. 混合动力汽车底盘传动形式认知

混合动力汽车(HEV)通过结合内燃机和电动机来提高能源利用效率和车辆性能。根据系统的配置不同,混合动力系统可以分为并联式、串联式和混联式三种主要类型。每种系统有其特定的工作原理、优点和适用场景。

1)并联式混合动力系统

(1)定义。

并联式混合动力系统是一种动力传动配置,其中内燃机和电动机分别驱动车轮,并可以根据实际需求同时提供动力或单独工作。系统中通常包括一个电动机和一个内燃机,这两个动力源通过机械连接或传动系统共同作用于车轮,以实现高效的动力输出。

(2)工作原理。

在并联式混合动力系统中,内燃机和电动机的工作方式可以根据不同的驾驶条件进行调整。

①高速行驶或大功率需求时:内燃机和电动机可以同时工作,以提供更强大的动力输出。例如,在高速公路上行驶时,车辆可能需要较高的功率,此时内燃机和电动机联合作用,以提高动力和加速性能。

②低速行驶或城市驾驶时:电动机可以单独工作来驱动车辆。这种配置特别适用于频繁启停的城市交通中,因为电动机在低速时能高效运作,内燃机则可以在低负荷下减少工作频率,从而降低油耗和尾气排放。

(3)优点。

①能量利用效率高。

a. 根据驾驶条件选择最优动力源:并联式混合动力系统能够根据车辆的行驶状态自动选择最优的动力源。例如,在城市低速行驶时,电动机单独驱动可以减少内燃机的工作负荷,提高整体燃油经济性。

b. 提升燃油效率:电动机的使用降低了内燃机的工作频率,从而减少了燃油消耗和尾气排放,提高了车辆的燃油经济性。

②电动机助力。

a. 减少内燃机工作频率:电动机可以在城市驾驶或低速行驶时提供主要动力,减少了内燃机的启动和运行频率,这不仅降低了燃料消耗,还减少了车辆的尾气排放和噪声。

b. 改善驾驶体验:电动机的助力能够使车辆在低速时运行更加平稳,提供更好的驾驶体验。

c.增强加速性能:并联式混合动力系统能够在需要快速加速时通过电动机和内燃机的联合输出提供强大的动力。这种配置使得车辆在加速时能够迅速响应,提高驾驶的灵活性和安全性。

(4)并联式混合动力系统特别适用于以下场景。

①日常城市驾驶:由于电动机能够在低速行驶时单独驱动车辆,这使得并联式混合动力系统能够适应城市交通环境中的频繁启停。电动机的高效能提供了平稳的行驶体验,同时降低了内燃机的运行频率,从而节省燃油和减少排放。

②高速行驶:在高速公路上行驶时,车辆需要较高的功率输出,并联式混合动力系统能够通过内燃机和电动机的联合工作提供充足的动力,确保高速行驶的稳定性和安全性。

并联式混合动力系统通过灵活的动力源选择和高效的能源利用,提升了车辆的经济性和性能。其在城市和高速环境中的适应性,使其成为现代混合动力汽车中一种有效的配置方案。

2)串联式混合动力系统

(1)定义。

串联式混合动力系统是一种动力传动配置,其中内燃机不直接驱动车轮,而是通过发电机为电动机提供电力。在这种系统中,电动机是车辆的主要动力源,而内燃机主要负责发电和维持电池的电量。这种设计将内燃机的工作与车辆的实际驱动分离,优化了系统的效率和性能。

(2)工作原理。

①发电过程:在串联式混合动力系统中,内燃机通过发电机产生电力。内燃机的主要任务是为电池充电并提供电力,确保电池的电量充足。

②电力传输:产生的电力被储存在电池中,电动机从电池中获得电力,并利用这些电能驱动车轮。由于电动机是车辆的主要动力源,车辆的行驶完全依赖于电动机的输出。

③内燃机的角色:内燃机不直接参与车辆的动力传递过程。它的职责是发电、电力转换和电池充电。在车辆运行过程中,内燃机始终保持在其最优工作状态,以提高燃油效率和减少排放。

(3)优点。

①优化燃油经济性。

a.高效运行:内燃机主要用于发电,可以在最优工作状态下运行,这样能最大限度减少能量损失和排放,从而提升燃油经济性。

b.减少能源浪费:内燃机不需要在所有条件下都保持运行,而只在电池电量低时工作,这减少了燃料的浪费。

②减少机械复杂性。

a.简化传动系统:由于内燃机不直接连接驱动轮,串联式混合动力系统降低了传统底盘传动系统的复杂性。没有了复杂的机械传动部件,系统设计更为简洁,维护和修理也更为方便。

b.降低传动损失:减少了机械传动损失,电力从发电机到电动机的传输过程更为直接和高效。

③电动驱动优势。

a.平稳驾驶:电动机提供主要动力,使得车辆在城市驾驶中表现更为出色。电动机能够提供平稳的加速体验,并且车辆在低速行驶时运行更加安静,提升了驾驶的舒适性。

b.低噪声体验:电动机运转时噪声低,尤其适用于城市环境中需要频繁启动和停车的情况。

(4)适用场景。

①城市驾驶。

a.频繁起步停车:串联式混合动力系统特别适用于城市交通环境,因为在这种环境中,车辆需要频繁启动和制动。电动机在这些条件下能发挥最佳性能,提供平稳的加速体验和优良的驾驶舒适性。

b.低速行驶:在城市道路上,车辆常常需要在低速情况下运行,电动机的高效运行能够提供足够的动力,同时降低油耗和排放。

②短途行驶。

对于以短途行驶为主的车辆,串联式混合动力系统能够通过电动机提供主要动力,同时利用内燃机在电池电量不足时充电,提升整体经济性和驾驶体验。

串联式混合动力系统通过优化内燃机的工作状态和简化动力传动系统,实现了较高的燃油经济性和较低的排放。其电动驱动优势使其在城市驾驶和频繁起步停车的场景中表现尤为出色。

3)混联式混合动力系统

(1)定义。

混联式混合动力系统是一种动力传动配置,它结合了并联式混合动力系统和串联式混合动力系统的优点。该系统允许内燃机和电动机根据不同的驾驶条件和需求独立或协同工作。通过智能控制,混联式混合动力系统(图2-3)能够在不同的驾驶模式下优化动力输出和燃油经济性,为车辆提供灵活的动力解决方案。

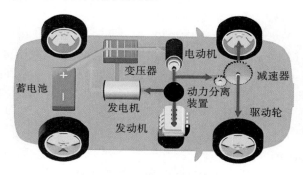

图2-3 混联式混合动力系统

(2)工作原理。

①动态调节。

工作模式灵活:在混联式混合动力系统中,内燃机和电动机可以根据车辆的需求自动选择最佳工作模式。例如,在高速公路上,系统可能优先使用内燃机以提高燃油经济性;在城市低速行驶时,电动机可以提供主要动力以减少尾气排放。

联合工作:在需要更高动力输出时(如加速或爬坡),系统会让内燃机和电动机协同工作,以提供所需的动力,同时确保车辆的性能和响应能力。

②智能控制。

驾驶条件检测:混联式混合动力系统通过传感器和控制器实时监测车辆的驾驶条件(如速度、负载、驾驶模式等),并根据这些条件调整内燃机和电动机的工作状态。

模式切换:系统会根据实际需要在串联模式(内燃机发电,电动机驱动车轮)和并联模式(内燃机和电动机同时提供动力)之间切换,以实现最佳的动力输出和燃油效率。

(3)优点。

①高适应性。

a. 灵活调整:混联式混合动力系统能够根据不同的驾驶条件(如城市交通、高速行驶、长途旅行等)灵活调整内燃机和电动机的工作状态,从而提供优化的动力输出和燃油经济性。

b. 动态优化:系统的智能控制功能能够确保车辆在不同驾驶环境下以最有效的方式运作,提高了整体的驾驶体验。

②综合优势。

a. 高效燃油经济性:结合了串联式混合动力系统的发电优化和并联式混合动力系统的直接驱动优势,使得混联式混合动力系统在提高燃油经济性的同时,也能提供足够的动力输出。

b. 强大动力输出:能够根据需求提供强大的动力,特别适用于需要高性能的驾驶场景,如快速加速和重载情况。

③增强驾驶体验。

操控性与稳定性:通过智能控制和精确的动力分配,混联式混合动力系统能够提升车辆的操控性和稳定性,确保在各种驾驶条件下的舒适性和安全性。

驾驶舒适性:系统能够减少内燃机的负荷,提高电动机的使用效率,从而减少噪声和振动,提高整体驾驶舒适性。

(4)适用场景。

①低速行驶:在城市环境中,混联式混合动力系统能够通过电动机提供主要动力,从而降低排放和噪声,同时减少对内燃机的依赖。

②高速行驶:在高速公路上,系统可能优先使用内燃机,以提供高效的燃油经济性和稳定的动力输出。

③长途旅行:混联式混合动力系统的灵活性使其能够在长途旅行中应对不同的驾驶需求,从城市到高速公路,再到山区道路,都能够提供全面的性能和较好的经济性。

④复杂环境:其良好的适应性和智能控制使得混联式混合动力系统能够在各种复杂的驾驶环境中提供优化的性能,满足不同用户较好的需求。

混联式混合动力系统通过结合并联式混合动力系统和串联式混合动力系统的优点,实现了高度的灵活性和优化性能。其智能控制和动力调节能力使其能够适应多种驾驶条件,提升了车辆的燃油经济性、动力输出性能和驾驶舒适性。

教学方法

(1)讲解与多媒体展示。

①使用 PPT、视频和动画展示混合动力系统的不同工作模式及其原理。

②通过具体案例介绍不同类型的混合动力汽车,分析其性能和优劣势。

(2)案例分析与讨论。

①选择实际的混合动力汽车案例进行详细分析,探讨其设计理念、技术实现和实际应用情况。

②组织学生分组讨论混合动力系统的设计和能量管理策略,鼓励学生提出自己的见解和改进建议。

学习任务二　自动变速器拆装检修

1. 自动变速器类型与拆装要点

1）自动变速器（AT）

自动变速器（automatic transmission，AT）是一种能够自动选择适当齿比的变速器，无须驾驶员手动操作变速杆。AT通过液压系统、行星齿轮组等组件来实现变速，以适应不同的行驶条件和驾驶需求，如图2-4所示。

图2-4　自动变速器

（1）结构。

①行星齿轮组。

行星齿轮组是自动变速器的核心部分，通过不同的齿轮组合实现不同的齿比。这种齿轮组能够在一个封闭的空间内，通过多个齿轮的相互作用来改变齿比，进而调整车辆的动力输出。

行星齿轮组通过调整不同齿轮的组合和作用，实现多种齿比的切换，车辆能够在不同的行驶条件下保持最佳的动力传递和燃油效率。

行星齿轮组包括以下主要部件。

a. 太阳轮。

太阳轮是行星齿轮组的中心齿轮，与行星轮组相配合。

作为传动的中心部分，太阳轮通过其轮齿与行星轮和外齿圈相互啮合，实现不同的齿比组合。它与行星轮组的配合决定了变速器的输出特性。

b. 行星轮。

行星轮是围绕太阳轮旋转的多个小齿轮。

行星轮与太阳轮和外齿圈配合工作，通过转动产生不同的齿比。行星轮在转动过程中负责将动力传递到其他部件，并参与齿比的调整。

c. 行星架。

行星架是支撑和固定行星轮的结构。

行星架固定行星轮的位置，并与太阳轮和外齿圈一起工作，实现不同的齿比组合。行星架在系统中起到支撑和稳定的作用。

d. 外齿圈。

外齿圈是包围行星轮组的齿轮。

外齿圈与行星轮组和太阳轮相配合,通过不同的齿轮组合实现不同的齿比。外齿圈的作用是配合其他齿轮提供变速器所需的齿比。

② 液压系统。

a. 液压泵。

液压泵是提供液压系统所需的油压的组件。

液压泵通过泵送液压油来驱动离合器和制动器,实现变速器的工作。它确保变速器内部液压系统的正常运行,从而控制齿比的变化。

b. 液压阀。

液压阀是控制液压油流动的组件。

液压阀管理液压油的流动,调节离合器和制动器的工作状态。通过控制液压油的流动,液压阀可以实现不同齿比的选择和切换,优化变速器的性能。

③ 离合器和制动器。

a. 离合器。

离合器是用于锁定或释放特定齿轮的组件。

离合器允许或阻止动力传递,控制齿比的切换。它通过锁定或释放特定的齿轮来实现变速器的操作,确保平稳的动力传递。

b. 制动器。

制动器是用于在变速器中锁定或释放特定齿轮的组件。

制动器通过锁定或释放特定齿轮来实现齿比切换,控制变速器的工作状态。制动器的作用是确保变速器在不同齿比之间顺畅切换,提升车辆的行驶稳定性。

(2) 自动变速器(AT)拆装要点。

① 拆装准备。

a. 将车辆停放在平稳的地面上,确保车轮处于直线位置。

b. 使用千斤顶和支架将车辆升起并支撑,确保车辆稳固,以防止在操作过程中发生意外滑动或倾斜。

c. 断开电池负极,以避免电力对操作造成干扰,确保电气系统不带电,降低触电风险。

② 拆卸步骤。

a. 移除底盘保护罩。

Ⅰ. 使用适当的工具(如螺丝刀、扳手)拆下底盘保护罩。底盘保护罩通常覆盖在变速器底部,保护变速器免受污物和石块的影响。

Ⅱ. 将保护罩移开,以暴露变速器的底部和侧面,方便进行后续操作。

b. 拆卸排挡杆和换挡连接件。

Ⅰ. 拆除与变速器连接的排挡杆和换挡连接件。排挡杆的拆卸通常需要松开固定螺栓或卡扣。

Ⅱ. 确保排挡杆与变速器完全分离,以避免在变速器拆卸过程中造成损坏。

c. 拆卸液压管。

Ⅰ. 小心拆卸连接到变速器的液压管。液压管负责传输液压油,如果处理不当可能导致油液泄漏。

Ⅱ. 使用容器接住可能泄漏的液压油,避免油液污染工作环境和造成滑倒风险。

d. 拆卸变速器。

Ⅰ. 拆卸固定螺栓。

• 使用扳手或其他适当工具拆除固定变速器的螺栓。通常,变速器通过多个螺栓固定在发动机和车身上。

• 在拆除螺栓时,按照螺栓的拆除顺序逐步进行,以避免因不均匀受力造成变速器损坏。

Ⅱ. 支撑变速器:使用支撑架或起重机支撑变速器,防止其下滑或倾斜。在拆卸过程中,支撑架可以提供额外的安全保障。

Ⅲ. 逐步移除变速器。

• 小心检查所有连接件和配件,确保没有遗漏。特别注意检查电气连接和液压管,避免在拆卸过程中损坏。

• 逐步将变速器从发动机上移除,确保变速器的移动过程平稳无阻碍。

e. 分离变速器与发动机。

Ⅰ. 插入工具。

在变速器与发动机之间插入专用工具,如分离器或撬棒,逐步分离它们。使用工具时应小心,避免对变速器或发动机造成损坏。

Ⅱ. 分离过程。

• 使用适当的工具和技术,如轻轻撬动或旋转,确保变速器和发动机分离的过程平稳。

• 检查分离过程中的任何异常情况,确保操作不会对变速器或发动机造成额外损伤。

(3) 注意事项。

① 在整个拆卸过程中,始终保持工作区域的清洁和整齐,避免工具或零件丢失。

② 确保使用正确的工具和设备,以提高工作效率和安全性。

③ 在拆卸过程中,注意操作步骤的顺序和细节,确保每一步都按照规定执行,以避免损坏变速器或其他部件。

2) 无级变速器(CVT)

无级变速器(continuously variable transmission,CVT)是一种自动变速器,能够提供无限范围的齿比调整,如图 2-5 所示。与传统的自动变速器不同,CVT 通过无级调节的方式实现变速,这使得车辆在加速过程中能够获得非常平滑的动力,避免了换挡冲击。CVT 的这种特性使车辆在城市驾驶和高速行驶中都具有优异的燃油经济性和驾驶舒适性。

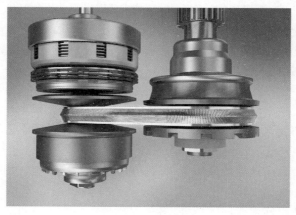

图 2-5 无级变速器

(1) 结构。

①变速轮。

a. 定义：CVT的核心部件由两个变速轮组成，分别是驱动轮(input pulley)和从动轮(output pulley)。这些变速轮的直径是可调节的，允许实现无级的传动比调节。

b. 主要部件。

Ⅰ. 驱动轮(input pulley)：连接到发动机，通过调整驱动轮的直径来改变传动比。驱动轮的直径增加时，传动比减小，反之亦然。

Ⅱ. 从动轮(output pulley)：连接到车轮，通过调整从动轮的直径来接收动力。它的直径变化与驱动轮的变化相协调，以实现无级变速。

c. 工作原理。

变速轮的直径可以在一定范围内调节。当车辆加速或减速时，驱动轮和从动轮的直径会同步变化，以提供不同的传动比。这种设计避免了传统变速器的换挡点，从而实现了平滑的加速体验。通过这种无级调节，CVT能够根据驾驶条件和需求提供最优的动力输出。

②钢带或链条。

a. 定义：钢带或链条用于在变速轮之间传递动力。它们使变速轮的直径变化能够有效地传递到驱动系统，从而实现平滑的变速。

b. 类型。

Ⅰ. 钢带(steel belt)。

· 材料：钢带由高强度钢制成，具有优良的耐磨性和抗拉伸性。

· 应用：钢带通常较为耐用，适用于大多数CVT设计，能够承受较高的负荷并提供稳定的动力传递。

Ⅱ. 链条(chain)。

· 材料：链条由强度更高的钢构成，提供更高的耐用性和稳定性。

· 应用：链条在承受高负荷时表现更为出色，能够在要求较高的应用中提供更好的耐用性和性能。

c. 工作原理。

钢带或链条绕过变速轮，通过在变速轮之间传递动力来改变传动比。其设计允许在广泛的范围内调节，从而实现无级的变速体验。这种设计提供了极高的灵活性和持续的动力输出。

③液压系统。

a. 定义：液压系统用于控制变速轮的位置，调节液压压力以实现变速轮的调整，从而改变传动比。

b. 主要组件。

Ⅰ. 液压泵(hydraulic pump)。

· 功能：提供液压系统所需的油压，为变速轮位油置的调节提供动力。

· 作用：液压泵通过提供足够的油压，使液压系统能够精确控制变速轮的直径变化。

Ⅱ. 液压阀(hydraulic valve)。

· 功能：调节液压油的流动，控制液压油压力，从而管理变速轮的位置和传动比。

· 作用：液压阀通过精确控制油流的方向和压力，实现对变速轮位置的精细调节。

c. 工作原理。

液压系统通过液压泵产生的油压,根据驾驶需求调节油流量和压力。通过这些调节动作,变速轮的位置得以改变,从而调整传动比。液压系统能够进行精确的控制,确保CVT在各种驾驶条件下都能提供平滑而高效的动力输出。

（2）优点。

①平滑加速:CVT的无级调节能力消除了传统变速器的换挡冲击,使加速过程更加平滑,驾驶体验更为舒适。

②优化燃油经济性:CVT能够使发动机在最优转速范围内运行,从而提高燃油经济性并减少能源浪费。

③提升驾驶舒适性:平稳的加速和持续的动力输出提升了整体驾驶的舒适性,特别适用于需要频繁加速和减速的城市驾驶环境。

④城市驾驶:CVT在频繁的起步和停车过程中表现优异,能够提供平稳的加速和高效的燃油经济性,适用于复杂的城市交通环境。

⑤高速行驶:CVT能够保持发动机处于最佳工作状态,从而提高燃油利用效率,并提供稳定的驾驶体验,适用于长途高速行驶。

（3）无级变速器(CVT)拆装要点如下。

①拆装准备。

a. 确保车辆稳定:将车辆停放在平稳的地面上,使用千斤顶和支架确保车辆安全支撑,避免在拆卸过程中发生任何意外。

b. 断开电池负极:为确保拆装过程中的电气安全,断开电池负极,防止短路或电气系统受到影响。

c. 检查液压油状态:在开始拆卸之前,检查液压油的状态和液位,确保在拆卸过程中不会造成油液泄漏或污染。

②拆卸步骤。

a. 移除底盘保护罩。

Ⅰ. 操作:取下底盘保护罩,这样可以暴露CVT及其连接部件,以便进行进一步的拆卸操作。

Ⅱ. 注意事项:在拆卸保护罩时,小心拆卸螺栓和卡扣,避免损坏保护罩或底盘部件。

b. 拆卸排挡杆和电气连接件。

Ⅰ. 操作:拆卸与CVT连接的排挡杆和电气连接件。排挡杆通常需要拆卸连接到变速器的固定螺栓或连接器。

Ⅱ. 注意事项:应确保所有电气连接件的插头都被正确拆除,并记住它们的连接位置,以便重新安装时能够正确连接。

c. 拆卸液压管。

Ⅰ. 操作:小心拆卸连接到CVT的液压管,使用容器接住可能泄漏的液压油。液压管连接处可能有夹子或其他固定件,需先移除这些固定件。

Ⅱ. 注意事项:在拆卸液压管时,避免液压油的污染和泄漏,清洁工作区域,并妥善处理泄漏的油液。

d. 拆卸驱动皮带或链条。

Ⅰ. 操作:取下覆盖驱动皮带或链条的覆盖件,检查皮带或链条的磨损情况。通常需要拆卸一些固定螺栓或卡扣来取下覆盖件。

Ⅱ．注意事项：检查驱动皮带或链条的状态，记录所有磨损或损坏情况，以便在重新安装时进行必要的更换。

e.拆卸 CVT。

Ⅰ．操作：拆卸固定 CVT 的螺栓。使用支撑架支撑 CVT，防止其下滑或倾斜。在拆卸螺栓时，逐步移除变速器，确保没有遗漏连接件或配件。

Ⅱ．注意事项：拆卸 CVT 时，确保所有固定件都被正确移除，使用适当的工具和技术，避免损坏变速器或连接部件。

3）双离合变速器（DCT）

（1）结构。

①定义。

双离合变速器（dual-clutch transmission，DCT）是一种结合了手动变速器和自动变速器优点的先进变速器系统（图 2-6）。DCT 的设计目的是通过两个独立的离合器分别控制奇数齿轮组和偶数齿轮组，以实现快速、平滑的换挡。与传统变速器不同，DCT 的双离合器系统能够在换挡过程中快速切换，提高车辆的加速性能和驾驶体验。

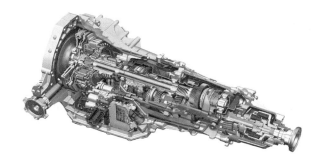

图 2-6　双离合变速器

②主要部件。

a.奇数齿轮离合器（clutch 1）。

Ⅰ．功能：控制奇数齿轮组（如 1 挡、3 挡、5 挡等）。

Ⅱ．结构：奇数齿轮离合器通常由湿式或干式离合器组成，连接到变速器的奇数齿轮组上。离合器的设计允许它在需要时接合或断开奇数齿轮组，以实现对这些齿轮的控制。

Ⅲ．工作原理：在车辆行驶过程中，当需要使用奇数齿轮时，奇数齿轮离合器会接合，这使得奇数齿轮组能够参与动力传递。例如，当车辆需要从 1 挡换到 3 挡时，奇数齿轮离合器会处理 1 挡和 3 挡的控制。

b.偶数齿轮离合器（clutch 2）。

Ⅰ．功能：控制偶数齿轮组（如 2 挡、4 挡、6 挡等）。

Ⅱ．结构：类似奇数齿轮离合器，偶数齿轮离合器也可以由湿式或干式离合器组成，连接到变速器的偶数齿轮组上。其设计允许其在需要时接合或断开偶数齿轮组。

Ⅲ．工作原理：在需要使用偶数齿轮时，偶数齿轮离合器会接合，从而将偶数齿轮组接入动力传递系统。例如，当车辆需要从 2 挡换到 4 挡时，偶数齿轮离合器会处理 2 挡和 4 挡的控制。

③工作原理。

DCT的核心优势在于其双离合器的交替操作能力,能够在换挡过程中实现迅速而平滑的切换。

a.离合器交替操作。

Ⅰ.在DCT系统中,奇数齿轮离合器和偶数齿轮离合器各自控制不同的齿轮组。换挡过程中,奇数齿轮离合器和偶数齿轮离合器会交替工作,以实现平滑的换挡。

Ⅱ.当一个离合器(如奇数齿轮离合器)断开时,另一个离合器(如偶数齿轮离合器)迅速接合,确保换挡的连续性和顺畅性。

b.换挡过程。

Ⅰ.预选齿轮:在车辆运行时,系统会提前预选下一个需要的齿轮。例如,当车辆即将从1挡换到2挡时,DCT系统会提前将2挡的离合器接合,并准备好奇数齿轮和偶数齿轮的切换。

Ⅱ.离合器切换:在实际换挡时,奇数齿轮离合器会迅速断开,而偶数齿轮离合器则迅速接合。这样的切换方式减少了传统自动变速器换挡时的延迟和冲击感。

(2)优点。

①快速换挡。

DCT能够在极短的时间内完成换挡,这是由于两个离合器(一个控制奇数齿轮组,另一个控制偶数齿轮组)交替操作。

在换挡过程中,奇数齿轮离合器和偶数齿轮离合器可以迅速切换工作。当一个离合器断开时,另一个离合器立即接合,减少了传统变速器换挡时的延迟。

这种快速换挡机制显著提升了车辆的动力响应,使得加速更加迅猛,能够适应需要高性能和迅速动力输出的驾驶条件。例如,在高速驾驶时,DCT的快速换挡能够极大地提升车辆的操控性。

②平滑驾驶体验。

DCT能够提供接近手动变速器的换挡感,且避免了传统自动变速器换挡过程中常见的冲击感。

DCT的两个离合器交替操作,使得换挡过程几乎无缝,不会产生明显的换挡顿挫感。即使在高速换挡时,DCT也能保持驾驶的平顺性。

这种平滑的换挡体验改善了驾驶的舒适性,特别是在城市交通和日常驾驶中,减少了换挡对车辆稳定性的影响,使得驾驶过程更加舒适。

③高效性。

DCT结合手动变速器的直接操控感和自动变速器的便利性,提供了高效的动力传递和操控性。

DCT通过双离合器的设计,实现了高效的动力转换,同时保留了手动变速器的操控性。换挡过程中的能量损失较少,动力传递更加直接和高效。

在高性能车辆中,DCT能够提供更好的加速性能和燃油经济性。由于换挡速度快且能量损失小,DCT能够适应需要高效率和高性能的驾驶条件,如运动驾驶和赛道驾驶。

(3)适用场景。

a.高性能驾驶:由于其快速的换挡能力,DCT非常适用于高性能和运动型车辆,能够提供卓越的加速体验和操控性。

b.日常驾驶:DCT在城市交通和高速行驶中能提供平稳和高效的驾驶体验。

(4) 双离合变速器(DCT)拆装要点。

①拆装准备。

a. 确保车辆处于稳定状态：将车辆停在平稳的地面上，使用千斤顶和支架将车辆安全支撑，确保拆卸过程中不会出现意外移动。

b. 断开电池负极：断开车辆的电池负极，以防电力系统对拆卸操作造成干扰或引发短路，确保拆卸作业的安全。

②拆卸步骤。

a. 移除底盘保护罩。

Ⅰ. 操作：使用合适的工具(如螺丝刀、扳手)拆除底盘保护罩，以暴露变速器及其连接部件。这一步骤可以为后续拆卸操作提供必要的空间和视野。

Ⅱ. 注意事项：应保存所有拆下的固定件，以便后续重新安装。

b. 拆卸排挡杆和电气连接件。

Ⅰ. 操作：拆除与DCT连接的排挡杆和电气连接件。这些连接件包括排挡杆连接器和可能的电缆接头。

Ⅱ. 注意事项：在拆卸电气连接件时，确保使用适当的工具，以避免损坏电缆或连接器。标记连接件的位置可以使重新安装时更加准确。

c. 拆卸离合器液压管。

Ⅰ. 操作：小心拆卸离合器液压管，避免液压油泄漏。使用容器接住可能泄漏的液压油，以防止污染。

Ⅱ. 注意事项：在拆卸液压管之前，确保已经排空系统中的液压油，以减少泄漏和油污。

d. 拆卸变速器。

Ⅰ. 操作：拆卸DCT的固定螺栓，使用支撑架支撑变速器。螺栓通常位于变速器与发动机连接处。

Ⅱ. 具体步骤如下。

· 逐步松开并拆卸固定螺栓，保持均匀施力，避免变速器或发动机受力不均。

· 使用支撑架支撑变速器，确保其稳定，以防在拆卸过程中下滑或倾斜。

e. 分离变速器与发动机。

Ⅰ. 操作：在变速器与发动机之间插入适当的分离工具(如撬棍)，逐步分离它们。小心操作，避免损坏变速器或发动机。

Ⅱ. 具体步骤：轻轻插入分离工具，将变速器与发动机分离。操作时应均匀施力，逐步推进，避免剧烈碰撞。在分离过程中，检查所有连接件和配件，确保没有遗漏或损坏。

4) 总结

每种自动变速器都有其独特的结构和拆装要求。自动变速器(AT)提供多挡位选择，适用于大多数驾驶场景；无级变速器(CVT)提供平滑的加速体验，适用于城市驾驶场景；双离合变速器(DCT)结合了手动和自动变速器的优点，适用于需要高性能的驾驶情况。了解这些变速器的结构和拆装要点，有助于在维护和修理过程中提高效率和准确性。

2. 自动变速器常见故障及其诊断方法

自动变速器(AT)在使用过程中可能出现各种故障。常见故障包括换挡不顺畅、滑挡、异响等。每种故障有其特定的原因和诊断方法。以下是对这些常见故障的详细分析及其诊断方法。

1)换挡不顺畅故障

(1) 故障现象。

①换挡时感觉迟缓或顿挫:换挡过程中有明显顿挫感或延迟,影响行车平顺性。

②换挡时发动机转速与车速不匹配:发动机转速异常升高或降低,与车速变化不一致。

(2) 可能原因。

①液压系统问题。

a. 液压泵故障:液压泵无法提供足够的油压,影响变速器内部离合器和制动器的操作。

b. 液压油不足:液压油的油位过低,导致油压不足,影响变速器的正常换挡操作。

②离合器或制动器故障。

a. 离合器磨损或故障:离合器不能正常接合或分离,导致换挡不顺畅。

b. 制动器失效:制动器不能有效地锁定或释放齿轮,导致换挡过程中有顿挫感。

③变速器控制模块(TCM)故障。

a. TCM 程序错误:TCM 的软件可能存在故障或需要更新,导致换挡逻辑不正确。

b. TCM 硬件故障:TCM 的硬件出现故障,导致无法正确控制变速器的操作。

④变速器内部齿轮组或同步器磨损或故障。

a. 齿轮组磨损:变速器内部齿轮的磨损会导致齿轮啮合不良,影响换挡的顺畅性。

b. 同步器故障:同步器的磨损或故障会影响齿轮的顺畅接合,导致换挡时有顿挫感。

(3) 诊断方法。

①检查液压油。

a. 检查油位:确保液压油的油位在正常范围内。如果油位过低,适当添加液压油。

b. 检查油质:检查液压油的颜色和气味,若发现油质变差(变黑或有烧焦味),需要更换液压油。

c. 检查污染物:检查液压油中是否有污染物,如果有,可能表示变速器内部出现磨损。

②诊断故障码。

a. 使用诊断工具:使用 OBD-Ⅱ 扫描工具或其他专用诊断设备读取变速器控制模块(TCM)的故障码。

b. 分析故障码:根据故障码确定问题所在,故障码可以指示具体的系统或组件故障,如液压系统问题或 TCM 故障。

③检查离合器和制动器。

a. 检查离合器:检测离合器的工作状态,包括接合和分离是否正常。如果发现离合器磨损或工作不良,需要更换或调整离合器。

b. 检查制动器:检查制动器是否能有效锁定和释放齿轮,确保制动器的状态正常。

④检查变速器控制模块。

a. 检查连接:检查变速器控制模块(TCM)的电气连接件是否牢固,确保没有松动或腐蚀现象。

b. 检查工作状态:确保 TCM 的工作状态正常,必要时进行模块重置或更新软件。

2)滑挡故障

(1) 故障现象。

①加速时变速器无法保持所选齿比。

在加速过程中,发动机转速明显升高,但车速没有相应增加。这种情况通常意味着变速器无法有效地传递发动机的动力,导致加速效果不佳。

②在行驶过程中变速器频繁脱挡或换挡不稳定。

变速器在行驶时经常出现脱挡现象,或者换挡过程不平稳,可能伴随明显的顿挫感。

(2) 可能原因。

①离合器磨损或失效。

离合器的磨损或失效会导致动力传递不稳定,无法有效地维持所需的齿比。离合器接合不完全或分离不彻底会引起滑挡现象。

②变速器内部齿轮组的磨损或损坏。

齿轮组的磨损会导致齿轮啮合不良,影响变速器的正常工作,造成传动比的不稳定。

③液压系统故障,导致离合器压力不足。

液压系统的故障会导致离合器无法提供足够的压力进行正常的接合和分离,影响变速器的换挡稳定性。

④变速器控制系统问题。

控制系统(如 TCM)的问题可能导致变速器的换挡逻辑不正确,影响换挡的顺畅性和稳定性。

(3) 诊断方法。

①检查离合器。

a. 检查磨损程度:查看离合器的磨损程度,检查是否存在明显的磨损或损坏。通常可以通过观察离合器片的厚度来判断磨损程度。

b. 检查工作状态:测试离合器的接合和分离功能,检查是否存在接合不完全或分离不彻底的情况。如果离合器存在故障,需要进行调整或更换。

②检查液压系统。

a. 检查液压油的压力:使用压力测试仪检查液压油的压力是否正常。液压油压力过低可能会导致离合器的压力不足,从而引起滑挡现象。

b. 检查液压油状态:检查液压油的质量和数量。液压油过脏或过少也会影响系统的正常工作。

③检查变速器内部齿轮组。

a. 检查齿轮组磨损情况:拆卸变速器,检查内部齿轮组的磨损程度。磨损的齿轮可能需要进行修理或更换。

b. 检查齿轮啮合状态:确保齿轮啮合良好,没有卡滞现象。磨损或损坏的齿轮需要进行更换。

④诊断故障码。

a. 使用诊断工具:连接 OBD-Ⅱ扫描工具或其他专用诊断设备,读取变速器控制模块(TCM)的故障码。

b. 分析故障码:根据读取的故障码,分析是否存在控制系统问题。故障码可以指示具体的系统或组件故障,帮助确定问题的根源。

3) 异响故障

(1) 故障现象。

异响故障表现为行驶过程中听到变速器内部的异常噪声。

在车辆行驶过程中,变速器内部发出异常的噪声,如咔嚓声、嗡嗡声或其他异响。噪声通常会随着车辆速度的变化而变化,可能在加速或减速时加重。

(2) 可能原因。

① 变速器内部齿轮组磨损或损坏。

齿轮组内部的齿轮出现磨损或损坏,会导致齿轮啮合不良,进而产生异常噪声。这种情况通常会导致齿轮啮合不平稳,产生机械摩擦噪声。

② 变速器轴承损坏。

变速器中的轴承用于支撑旋转的齿轮和轴。如果轴承出现磨损或损坏,会导致轴承运转不顺畅,产生异常噪声,如嗡嗡声或摩擦声。

③ 液压系统问题。

液压系统问题可能导致变速器内部的齿轮组无法正常工作。液压油不足或液压系统压力异常可能导致齿轮接合不完全或运转不平稳,进而产生噪声。

(3) 诊断方法。

① 检查变速器内部齿轮组。

a. 拆解变速器:拆卸变速器,检查内部齿轮组的磨损或损坏情况。注意检查齿轮的啮合面是否有明显的磨损、缺口或其他损坏。

b. 检查齿轮啮合:查看齿轮组的啮合状态,确保齿轮能够平稳地啮合在一起。磨损或损坏的齿轮需要进行修理或更换。

② 检查轴承。

a. 检查轴承状态:拆卸变速器后,检查所有轴承的状态,检查轴承是否有异常的磨损、噪声或卡滞现象。

b. 更换损坏轴承:对于发现的损坏或磨损的轴承,进行必要的更换,确保新轴承安装正确,并能够正常运转。

③ 检查液压系统。

a. 检查液压油压力:使用压力测试仪检查液压系统的油压是否正常。液压油压力不足可能会影响变速器的正常运行。

b. 检查液压油状态:检查液压油的质量和数量。液压油过脏或不足可能会导致系统工作异常。

c. 检查液压系统的工作状态:确保液压系统的泵和阀门正常工作,液压油流动顺畅。

学习任务三　减速驱动桥拆装检修

1. 主减速器、差速器原理与拆装

1) 主减速器(main reducer)

(1) 工作原理。

主减速器(图 2-7)的主要任务是将发动机的动力通过传动系统传递到车轮,同时减小转速并提高扭矩。其工作原理如下。

① 动力传递。

发动机通过变速器将动力传递给主减速器的输入轴。输入轴通常连接到变速器的输出轴,将变速器提供的动力传递给主减速器。

图 2-7 主减速器

②减速。

a.主减速器内部的齿轮组负责将输入轴的高速旋转转化为低速旋转。这个过程通过齿轮比的调整来实现。

Ⅰ.小齿轮(驱动齿轮):连接到输入轴上,负责接收并传递高速旋转的动力。

Ⅱ.大齿轮(减速齿轮):与小齿轮啮合,将高速旋转转化为低速旋转,同时增加扭矩。大齿轮通过其较大的直径提供减速作用。

b.减速比的设置决定了输出轴的转速和扭矩。这种齿轮配置使得输出轴的转速低于输入轴的转速,从而实现转速的降低和扭矩的增加。

③输出。

经主减速器减速后的动力通过输出轴传递到差速器。差速器将来自主减速器的动力分配到车轮,同时允许车轮在转弯时以不同的速度旋转。

(2)结构特点。

①输入轴。输入轴连接到变速器,接收来自发动机的动力。输入轴通过小齿轮将动力传递到主减速器内部的齿轮组。

②小齿轮(驱动齿轮)和大齿轮(减速齿轮)。

a.小齿轮(驱动齿轮):连接到输入轴上,与大齿轮啮合,将高速旋转的动力传递给大齿轮。

b.大齿轮(减速齿轮):与小齿轮啮合,负责将高速旋转转化为低速旋转,从而实现减速和扭矩的增加。大齿轮的直径大于小齿轮,从而提供减速效果。

③壳体。主减速器的外壳用来保护内部齿轮,同时容纳润滑油。壳体的设计确保齿轮组在工作过程中保持在正确的位置,并且防止外界的污染物进入主减速器内部。

④润滑系统。主减速器内部设有润滑系统,用于减少齿轮之间的摩擦和控制工作温度。润滑油通过泵送和润滑管路分布在齿轮接触面,确保齿轮组的顺畅运行,降低齿轮组的磨损并延长使用寿命。

(3) 拆装步骤。

①准备工作。

a. 确保车辆稳定。

Ⅰ. 将车辆停在平稳的地面上,确保车轮处于平稳状态。

Ⅱ. 使用千斤顶和支架将车辆安全支撑,确保车辆在拆装过程中不会发生意外移动。

b. 断开电池负极。断开电池负极以确保操作安全,避免电力系统对拆装过程产生影响。

②拆卸主减速器。

a. 移除底盘保护罩。移除底盘保护罩,以暴露主减速器。底盘保护罩通常由螺栓固定,通过拆卸这些螺栓即可取下保护罩。

b. 拆卸传动轴。拆卸连接到主减速器的传动轴。传动轴通常与主减速器通过螺栓连接,需要逐一拆卸这些螺栓,然后取下传动轴。

c. 拆卸主减速器固定螺栓。卸下主减速器与车桥连接的固定螺栓。使用适当的工具(如扳手)拆卸这些螺栓。

d. 移除主减速器。使用支撑架支撑主减速器,逐步移除主减速器。在拆卸过程中,确保主减速器不会因失去支撑而掉落。

③检查和维修。

a. 检查齿轮。检查主减速器内部齿轮的磨损和损坏情况。注意齿轮表面的磨损、裂纹或其他损坏现象。

b. 更换零部件。必要时更换磨损或损坏的齿轮。使用原厂或符合规格的替换零件,以确保主减速器的正常运行。

c. 检查润滑油。检查润滑油的状态,观察润滑油是否变质、是否有金属颗粒或污染物。必要时更换润滑油,并检查油封和滤芯的状态。

④重新安装。

a. 安装主减速器。将主减速器安装到车桥上,确保所有固定螺栓都正确安装,并按照厂家规定的扭矩值拧紧。

b. 连接传动轴。将传动轴连接到主减速器上,确保传动轴与主减速器牢固连接,并检查螺栓是否紧固到位。

c. 安装底盘保护罩。安装底盘保护罩,确保所有覆盖部件安装完好。检查保护罩的安装位置,确保其固定稳定。

⑤测试和调整。

a. 启动车辆并检查主减速器的工作状态。启动车辆,检查主减速器是否有漏油或异常噪声。观察主减速器的运行情况,确保其正常工作。

b. 进行路试。在实际工况下进行路试,确保主减速器在不同驾驶条件下正常运行。注意观察车辆的行驶性能,确保主减速器的工作状态符合要求。

2) 差速器(differential)

(1) 工作原理。

①动力传递。

差速器(图 2-8)的动力传递原理如下。

a. 动力从发动机传递到变速器,经过主减速器后,通过主减速器的输出轴传递到差速器的输入轴。

图 2-8 差速器

b. 输入轴将动力引入差速器内部，差速器准备将动力分配到两个驱动轮。

②动力分配。

差速器的动力分配过程主要通过齿轮组实现。齿轮组包括以下内容。

a. 主齿轮(ring gear)。

主齿轮与差速器壳体固定在一起，并通过输入轴上的小齿轮(pinion gear)驱动。当输入轴旋转时，小齿轮带动主齿轮和差速器壳体一起旋转。

b. 差速器壳体(differential case)。

差速器壳体连接主齿轮，并将动力分配给内部的行星齿轮组。差速器壳体旋转时，带动行星齿轮组和半轴齿轮一起旋转。

c. 行星齿轮组(planetary gear set)。

行星齿轮组由两个对称布置的行星齿轮(spider gear)和两个半轴齿轮(side gear)组成。行星齿轮安装在差速器壳体内，通过行星齿轮架(planetary gear carrier)支撑。

③允许车轮差速。

行星齿轮组工作原理如下。

a. 直线行驶时。

Ⅰ. 差速器壳体、行星齿轮和半轴齿轮作为一个整体旋转。

Ⅱ. 两个驱动轮(内侧车轮和外侧车轮)以相同的速度旋转。

Ⅲ. 行星齿轮不转动，只是随差速器壳体一起旋转。

b. 转弯时。

Ⅰ. 在转弯过程中，内侧车轮和外侧车轮需要以不同的速度旋转。

Ⅱ. 由于内侧车轮行驶的距离较短，外侧车轮行驶的距离较长，因此外侧车轮需要以更高的速度旋转。

Ⅲ. 行星齿轮在差速器壳体内开始旋转，行星齿轮在绕自己的轴旋转的同时，还会围绕半轴齿轮旋转，从而允许两个半轴齿轮(即两个驱动轮)以不同的速度旋转。

Ⅳ. 这种差速效果允许内侧车轮减速，同时外侧车轮加速，保证车辆在转弯时的稳定性和操控性。

(2)结构特点。

①输入轴。

a.连接主减速器:输入轴连接到主减速器,通过主减速器的减速作用将动力传递到差速器。

b.输入轴动力传递:输入轴将动力引入差速器内部,为动力的进一步分配做准备。

②主齿轮(也称为中心齿轮)。

a.连接输入轴:主齿轮与输入轴连接,并通过啮合将动力传递给差速器壳体。

b.主齿轮动力传递:主齿轮负责将输入轴的动力传递到差速器壳体,驱动整个差速器的运作。

③差速器壳体。

a.外壳结构:差速器壳体是一个坚固的外壳,包含差速器内部的所有关键组件,包括行星齿轮组。

b.保护功能:差速器壳体保护内部的行星齿轮组及其他组件免受外部环境的影响和机械损伤。

c.动力分配:差速器壳体通过旋转,将主齿轮传递的动力分配到内部的行星齿轮组。

④行星齿轮组。

行星齿轮组是差速器的核心组件,负责动力分配和实现车轮差速。行星齿轮组包括以下部分。

a.中心齿轮(太阳轮):位于行星齿轮组的中心,与多个行星齿轮啮合。

b.行星齿轮:多个行星齿轮围绕中心齿轮排列,与中心齿轮和半轴齿轮啮合。行星齿轮在差速器壳体内可以自转,同时也可以围绕中心齿轮转动。

c.行星齿轮架:行星齿轮架是固定行星齿轮的支架,支撑行星齿轮在差速器壳体内旋转。

⑤半轴齿轮。

半轴齿轮直接连接到车辆的驱动轮,通过半轴将动力传递给车轮。

半轴齿轮与行星齿轮啮合,通过行星齿轮组的旋转实现车轮之间的差速效果。

(3)拆装步骤。

①准备工作。

a.确保车辆停在平稳的地面上,并使用千斤顶和支架支撑车辆。

b.断开电池负极,以确保安全操作。

②拆卸差速器。

a.移除底盘保护罩:移除底盘保护罩,暴露差速器。

b.拆卸传动轴:拆卸连接到差速器的传动轴。

c.拆卸差速器固定螺栓:卸下差速器与车桥连接的固定螺栓。

d.移除差速器:使用支撑架支撑差速器,逐步移除差速器。

③检查和维修。

a.检查齿轮:检查差速器内部齿轮的磨损和损坏情况。

b.更换零部件:必要时更换磨损或损坏的齿轮。

c.检查润滑油:检查润滑油的状态,并在需要时更换润滑油。

④重新安装。

a. 安装差速器：将差速器安装到车桥上，确保所有固定螺栓都正确安装。

b. 连接传动轴：将传动轴连接到差速器上。

c. 安装底盘保护罩：安装底盘保护罩，确保所有覆盖部件安装完好。

⑤测试和调整。

a. 启动车辆并检查差速器的工作状态，确保无漏油和异常噪声。

b. 进行路试，确保差速器在实际工况下正常运行。

2. 驱动桥故障分析与排除

1）驱动桥常见故障

（1）异响。

①齿轮磨损或损坏：齿轮啮合不良或润滑不充分，可能会导致齿轮磨损，从而产生异响。

②轴承磨损或损坏：轴承磨损或损坏也会引起异响。

（2）漏油。

①油封损坏：油封老化、破损会导致润滑油泄漏。

②接合面密封不良：由于安装不当或密封材料老化，接合面可能出现漏油情况。

（3）过热。

①润滑不足：润滑油不足或质量差，会导致齿轮和轴承过热。

②负载过大：超负荷运行会导致驱动桥温度过高。

（4）传动失效。

①齿轮断裂：由于过载或材料疲劳，齿轮可能会断裂。

②轴承失效：轴承损坏会导致传动系统失效。

2）故障诊断方法

（1）听音诊断。

通过听取驱动桥运行时的声音，判断是否有异响，确定可能的故障部位。

（2）外观检查。

检查驱动桥外部是否有漏油、裂纹等明显故障迹象。

（3）温度检测。

使用温度计测量驱动桥的温度，判断是否有过热现象。

（4）振动分析。

使用振动分析仪检测驱动桥的振动情况，分析是否有异常振动，判断可能的故障原因。

3）检修步骤

（1）准备工作。

①工具和设备准备：准备好必要的工具和检测设备。

②安全措施：确保工作环境安全，佩戴必要的防护装备。

（2）拆卸。

按照维修手册的步骤，逐步拆卸驱动桥组件，注意保护好各个部件。

（3）故障部件检查。

①检查齿轮和轴承：仔细检查齿轮和轴承的磨损情况，判断是否需要更换。

②检查密封件：检查油封等密封材料的完好性，必要时更换。

(4) 清洗和更换。
①清洗驱动桥：使用清洗剂清洗驱动桥内部和各个部件。
②更换损坏部件：更换磨损或损坏的齿轮、轴承和密封件。
(5) 重新组装。
确保各个部件安装到位，紧固螺栓和螺母。
(6) 润滑和测试。
①加注润滑油：按照规定加注适量的润滑油。
②测试运行：进行试车测试，确保驱动桥运行正常，无异响和过热现象。
4) 注意事项
(1) 安全第一。
在进行任何检修操作前，确保车辆稳定并采取安全措施。
(2) 使用正确工具。
使用适当的工具和设备，避免因工具不当造成的损坏。
(3) 按规定操作。
严格按照维修手册和操作规范进行检修，避免误操作导致的故障。
(4) 保持清洁。
在拆卸和组装过程中，保持工作环境和部件的清洁，避免异物进入驱动桥内部。

项目三　新能源汽车底盘转向系统故障排除

思政导学

引领正确方向，塑造成功之路

汽车是现代交通的重要工具，其转向系统的发展历程充满了科技的创新与突破。

在汽车诞生的早期，转向系统极为简单和原始。最初的汽车转向仅仅依靠驾驶员直接转动前轮来实现，这种方式不仅费力，而且操作精度低，安全性也难以保障。

随着技术的进步，机械转向系统应运而生。它采用了转向拉杆、转向节等机械部件，通过驾驶员转动转向盘，带动一系列机械传动装置，实现车轮的转向。这一系统在一定程度上提高了转向的准确性和操控性，但仍然需要较大的力量来操作。

液压助力转向系统的出现是汽车转向技术的一次重要变革。它利用液压油的压力来辅助驾驶员转动转向盘，大大减轻了驾驶的劳动强度。在这一阶段，汽车的转向变得更加轻松灵活，驾驶体验得到了显著提升。

学习目标

1. 了解并熟练掌握机械转向器的结构和工作原理

深入了解机械转向器的结构,包括其主要部件(如转向齿轮、转向齿条、转向轴和转向节等)的组成及其相互作用。深入理解机械转向系统的工作机制,包括转向力的传递过程以及如何通过机械连接实现车轮的转向动作。具备检修汽车机械转向系统的能力,能够识别和解决常见的转向系统故障,如转向沉重、转向不准确或转向异响等问题。

2. 了解并掌握电子转向器的结构和工作原理

深入了解电子转向器的结构,熟悉其与传统机械转向器的不同之处,包括电子控制单元(ECU)如何接收驾驶员的转向指令,并通过电动机驱动转向机构实现精确的转向控制。了解并掌握电子转向传动机构的结构和工作原理,包括扭矩传感器、转向角度传感器和电子动力转向(EPS)系统的工作机制。具备检修电子转向操纵机构的能力,能够对 EPS 系统进行故障诊断和维修,确保 EPS 系统的正常运行和驾驶安全。

学习任务一　汽车机械转向系统检修

1. 转向系统概述

1)转向系统的功用、类型

转向系统在汽车运行中扮演着至关重要的角色,它的主要功能是根据驾驶员的操作意图,灵活而准确地调整和改变汽车的行驶路径,确保汽车在行驶过程中能够稳定地维持预定的行进路线。这一系统的工作原理是,它能够将驾驶员的转向指令转化为实际的转向动作,使得汽车能够按照驾驶员的期望方向行进。同时,转向系统还负责保持汽车在直线行驶时的稳定性,避免因路面不平或驾驶操作导致的车辆偏移。

在众多汽车转向系统中,根据其动力源的不同,主要可以将它们划分为两大核心类别:机械转向系统和动力转向系统。

机械转向系统是最传统的一类转向系统,它的核心工作原理完全依赖于驾驶员的体力,通过驾驶员手动操作转向盘,进而通过一系列机械连接件和齿轮机构,将驾驶员的转向力量传递至车轮,实现汽车的转向。这种系统通常结构简单,维护方便,但在长时间的驾驶过程中,驾驶员需要付出较大的体力,尤其在车辆较重或者载重较大时,驾驶员的操控力度会更大。

动力转向系统则是在机械转向系统的基础上,加入了辅助动力源,从而有效减轻了驾驶员的操控负担。这种系统在驾驶员操作转向盘的同时,借助汽车自身的动力系统(如发动机)作为辅助能源,通过一系列复杂的液压、气压或电动机构,增强转向时的动力输出,使得转向更为轻松、顺畅。根据辅助动力源的不同类型,动力转向系统又可以进一步细分为液压式、气压式和电动式三种。其中,液压式转向系统利用液压油的压力来传递动力,气压式转向系统则是通过压缩空气的压力来实现动力传递,而电动式转向系统则是利用电动机来提供转向助力。这些不同的动力转向系统都在现代汽车中得到了广泛的应用,大大提高了驾驶的舒适性和安全性。

2)机械转向系统的基本组成和工作原理

机械转向系统是汽车中一个至关重要的组成部分,它主要由转向操纵机构、机械转向器以及转向传动机构三大核心部分构成。转向操纵机构实现驾驶员与汽车转向系统之间的直接联系,它允许驾驶员通过一系列的力学动作来产生转向力,从而操控汽车的转向。这个机构主要包括转向盘、机械转向器、转向传动机构等部件,它们共同工作,将驾驶员的转向指令转化为实际的机械运动。

(1)转向盘。

在转向操纵机构中,转向盘是驾驶员直接接触的部分,通过转动转向盘,驾驶员可以发出转向的指令。转向轴将转向盘的转动传递给转向万向节,而转向万向节则能够保证转向轴在传递力的过程中保持稳定的角度,不受外界因素的影响。

(2)机械转向器。

机械转向器是转向系统的核心,它负责将输入的转向力矩进行转换,以适应汽车转向的需求。在不同的汽车中,机械转向器的类型也有所不同。在轿车中,齿轮齿条式转向器因结构简单、工作可靠而得到广泛应用。这种转向器通过齿轮和齿条的啮合,实现转向力的放大和转向角度的精确控制。

(3)转向传动机构。

转向传动机构是将机械转向器输出的转矩传递到车轮的部分,它包含转向摇臂、转向直拉杆、转向节臂、转向梯形臂和转向横拉杆等多种部件。转向传动机构的作用是在汽车转向时,确保左右车轮能够按照一定的规律和角度进行偏转,从而实现平稳和准确的转向。

当驾驶员转动转向盘时,转向力经过转向轴、转向万向节和转向传动轴传递到机械转向器中。在转向器内部,通过1到2级的啮合传动,实现转向力的降速增矩,即在输入的转向力矩中增加扭矩,使得车轮的转向更加灵敏和有力。

转向摇臂接收转向器输出的转矩,并通过转向直拉杆将转矩传递给固定在左转向节上的转向节臂。这样,左转向节以及连接在其上的左转向轮就会围绕主销进行偏转,实现汽车的转向。

左右转向梯形臂的一端分别固定在左右转向节上,另一端则通过球铰链与转向横拉杆连接。当左转向节偏转时,通过左转向梯形臂、转向横拉杆和右转向梯形臂的传递,右转向节及装于其上的右转向轮也会随之绕主销同向偏转一定的角度,从而使得汽车能够按照驾驶员的意图进行转向。

左右转向梯形臂和转向横拉杆构成的转向梯形,不仅确保了左右转向轮能够同步偏转,而且还使得汽车在转向过程中保持稳定,防止出现过度侧倾或者失去控制的情况。这样的设计,使得汽车在转向时,左右转向轮能够按照一定的规律进行偏转,既保证了行驶的稳定性,又提高了行驶的灵活性。

机械转向系统的结构如图 3-1 所示。

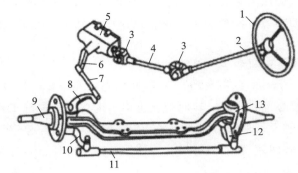

1—转向盘；2—转向轴；3—转向万向节；4—转向传动轴；5—机械转向器；
6—转向摇臂；7—转向直拉杆；8—转向节臂；9—左转向节；
10—左转向梯形臂；11—转向横拉杆；
12—右转向梯形臂；13—右转向节

图 3-1 机械转向系统示意图

3）转向系统的参数和转向理论

（1）角传动比。

转向系统的角传动比是一个关键的参数，它描述了转向盘的转角与同一侧的转向轮偏转角之间的比例关系，通常用 i 表示。具体来说，转向系统的角传动比 i 是转向器的角传动比 i_1 和转向传动机构的角传动比 i_2 的乘积。转向器的角传动比是指转向盘转角与转向摇臂摆角的比例，而转向传动机构的角传动比是指转向摇臂摆角与同侧转向轮偏转角的比例。

当转向系统的角传动比增大时，增矩作用也会增强，从而使得转向操作更加轻松便捷。然而，如果转向盘转动的圈数过多，会导致操纵的灵敏性降低，因此转向系统的角传动比不能设置得过大。相反，如果转向系统的角传动比太小，会导致转向变得沉重，这同样不利于操作。因此，设计时需要在确保转向操作轻松便捷的同时，保证转向的灵敏性。由于机械转向系统很难达到这种平衡，越来越多的车辆开始采用动力转向系统。

（2）自由行程。

转向盘的自由行程是指转向盘在空转阶段的角行程，这是由转向系统各传动件之间的装配间隙和弹性变形引起的。由于转向系统各传动件之间存在装配间隙，而且这些间隙会随着零件的磨损而增大，因此在转动转向盘的一定范围内，转向节不会立即同步转动，而是消除这些间隙并克服机件的弹性变形后，才进行相应的转动，即转向盘有一个空转过程。转向盘的自由行程对于缓解路面冲击和减轻驾驶员的紧张情绪是有益的，但过大的自由行程会影响转向的灵敏性。因此，汽车维护工作应包括定期检查转向盘的自由行程。一般来说，汽车转向盘的自由行程不应超过 10°~15°，否则应进行调整。如图 3-2 所示，在汽车转向行驶时，要求车轮相对于地面进行纯滚动，如果有滑动成分，车轮将边滚边滑，这会导致转向行驶阻力增加、动力损耗和油耗上升，同时也会加速轮胎的磨损。由于差速器的作用，两侧的驱动轮能够以不同的转速滚过不同的距离。但是，为了使前桥左右两侧的转向轮滚过不同的距离并保证车轮进行纯滚动，所有车轮的轴线都需要交于一点。这个交点被称为汽车的转向中心。

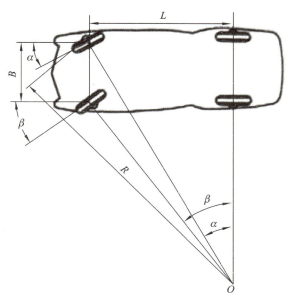

图 3-2　汽车转向行驶示意图

汽车转向时内侧转向轮偏转角 β 大于外侧转向轮偏转角 α。α 与 β 的关系是：

$$\cot\alpha = \cot\beta + \frac{B}{L}$$

式中，B 为两侧主销中心距（可近似认为是转向轮轮距）；L 为汽车轴距。

这一关系是由汽车转向梯形保证的。所有汽车转向梯形的设计实际上都只能保证在一定的车轮偏转角范围内两侧车轮偏转角大体上接近上述关系式。

从转向中心 O 到外侧转向轮与地面接触点的距离 R 称为汽车转弯半径。转弯半径 R 越小，则汽车转向所需要场地就越小，汽车的机动性也越好。当外侧转向轮偏转角达到最大值 $\alpha_{\max}$ 时，转弯半径 R 最小。

2. 机械转向器的结构和工作原理

机械转向器是机械转向系统中的核心传动部件，它承担着实现减速增矩的重要任务。具体来说，它的主要功能是提升从转向盘传递到转向节的力量，同时调整力的传递方向，确保车辆转向时的稳定性和操控性。

汽车转向操纵机构主要由转向盘、转向轴、转向柱管等部件构成，其核心作用是产生操作转向器所需的力，并且具备一定的调节和安全性能，以确保驾驶过程中的稳定和安全。

转向传动机构则是将机械转向器输出的力和运动传递给转向轮，通过这种方式使得两侧的转向轮能够偏转，从而实现汽车的转向。同时，它还能够保证左右转向轮的偏转角度按照一定的比例关系变化，以保证车辆行驶的直线性和稳定性。

可逆式转向器是指正、逆传动效率都很高的转向器，这种转向器能够有效地实现汽车转向后转向轮的自动回正，使得转向盘的路感非常强，驾驶起来更加直观。然而，这种转向器在恶劣路况下容易产生"打手"现象，因此，它主要被应用于那些经常在良好路面行驶的车辆上。

极限可逆式转向器则是指正传动效率远大于逆传动效率的转向器,它同样能够实现汽车转向后转向轮的自动回正,但是其路感较差,只有在路面冲击力很大时,部分力量才能传递到转向盘上。因此,它主要被应用于中型以上的越野汽车、工矿用自卸汽车等上。

不可逆式转向器是指逆传动效率很低的转向器,由于其无法将路面的反馈信息传递给驾驶员,因此驾驶员无法感受到路面状况,同时转向轮也不能自动回正,因此,这种类型的转向器在实际应用中较为少见。

按转向器中的传动副的结构形式的不同,转向器可以分为齿轮齿条式、循环球式、蜗杆曲柄指销式、蜗杆滚轮式等几种。

1) 齿轮齿条式转向器

齿轮齿条式转向器(图 3-3)是一种重要的机械转向装置,其工作原理主要是通过齿轮与齿条的一级传动副来实现转向力的传递。在这一机构中,齿轮扮演着主动副的角色,负责接收并传递动力,而齿条则作为从动副,负责将接收到的动力转化为机械运动。齿轮齿条式转向器的主要构成部分包括壳体、转向齿轮与齿轮轴、齿条、转向减振器、转向器补偿机构,以及用于防尘和起保护作用的橡胶防尘套等。这种转向器以其结构简洁、传动效率高和可靠性好等特点被广泛应用在中小型汽车中,但其转向力矩相对较小,这是其在使用过程中需要考虑的一个因素。

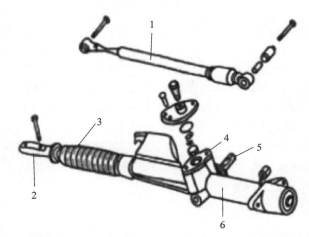

1—转向减振器;2—齿条;3—橡胶防尘套;4—转向器补偿机构;
5—转向齿轮与齿轮轴;6—壳体

图 3-3 齿轮齿条式转向器的结构示意图

齿轮齿条式转向器的工作过程如下。当驾驶员旋转转向盘时,转向盘通过转向轴、转向万向节和转向传动轴,将驾驶员施加的转向力矩传递至转向器。在转向器内部,齿轮与齿条相互啮合,通过这种方式将输入的力矩进行放大,然后输出,驱动转向摇臂运动。接下来,转向直拉杆将运动传递给固定在左转向节上的转向节臂,从而使得左转向节以及安装在其上的左转向轮绕着主销偏转。与此同时,左右转向梯形臂的一端分别固定在左右转向节上,另一端则通过球铰链与转向横拉杆连接。当左转向节偏转时,通过左转向梯形臂、转向横拉杆和右转向梯形臂的传动,右转向轮也绕主销偏转。齿轮齿条式转向器虽然结构简单、传动效率高、可靠性好,但转向力矩较小,主要适用于中小型汽车。齿轮齿条式转向器的结构除了转向减振器、转向器补偿机构(图 3-4)和橡胶防尘套等主要组成部分外,还包括其他一些细节。转向减振器可以有效地衰减由道路不平引起的冲击和振动,防止转向盘受到冲击而振动,从而稳定汽车的行驶。而转向器补偿机构则可以自动调整齿轮与齿条的啮合间隙,以保证转向器的正常工作。此外,齿条的右端通过螺母、罩盖和密封圈等部件进行密封,以防止灰尘和其他杂物进入转向器内部。齿轮轴的一端与壳体相连,另一端则通过衬套和球轴承与壳体连接,并与下转向管柱相连。齿条的左端伸出,通过转向支架、左横拉杆、右横拉杆及减振器与车身连接,同时安装有橡胶防尘套,以防灰尘进入转向器。转向器壳体通过左面的凸台和右面的凸缘与车身连接,凸缘上装有转向器补偿机构,该机构主要由压块、压紧弹簧、调整螺钉、锁紧螺母等组成,其作用是自动调整齿轮与齿条的啮合间隙。调整螺钉用来调整补偿机构中压紧弹簧的预紧力,一般在其出厂时已调好,不需要再调整。

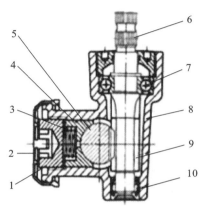

1—调整螺钉;2—罩盖;3—压紧弹簧;4—压簧垫块;5—转向齿条;6—齿轮轴;
7—球轴承;8—转向器壳体;9—转向齿轮;10—滚柱轴承

图 3-4 齿轮齿条式转向器补偿机构

为了减弱由于道路不平而传递给转向盘的冲击、振动,防止转向盘打手,稳定汽车行驶方向,许多轿车装有转向减振器。转向减振器缸筒(图 3-5)一端固定在转向器壳体上,另一端与转向横拉杆支架连接。其工作原理与悬架中的减振器类似,这里不再重复介绍。齿轮齿条式转向器结构简单,可靠性好,也便于独立悬架的布置;同时,由于齿轮与齿条直接啮合,因此其转向灵敏、轻便。因此其在各类型汽车上的应用越来越多。

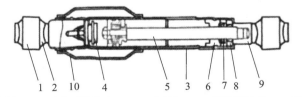

1—连接环衬套;2—连接环橡胶套;3—工作油缸;4—压缩阀总成;5—活塞及活塞杆总成;
6—导向座;7—油封;8—挡圈;9—轴套及连接环总成;10—橡胶储油缸

图 3-5 转向减振器缸筒

2) 循环球式转向器

循环球式转向器(图 3-6)是一种由精细机械构件组成的转向装置,它主要由侧盖、底盖、主体壳体、多个钢球、带齿扇的转向摇臂轴、圆锥轴承、带有齿的转向螺母以及转向螺杆等部件构成。这种转向器是一种机械转向系统,它采用了两级传动副的设计,其中第一级传动副由转向螺杆和转向螺母构成,而第二级传动副则由齿条和齿扇构成。在循环球式转向器中,转向螺杆通过一对深沟球轴承安装在壳体内部,并在其上方安装了一个方形制的转向螺母,这两个部件共同组成了第一级传动副。在转向螺杆与转向螺母之间的螺旋形通道内以及螺母侧面的两根 U 形导管内,放置了众多钢球。当转向螺杆转动时,这些钢球在球道内进行循环运动,形成了一种"球流",这种设计不仅提高了传动效率,也有助于减少转向螺杆和转向螺母之间的磨损。转向摇臂轴通过滚针轴承安装在壳体内部,齿扇与摇臂轴一体化设计,并与螺母上的齿进行啮合,共同构成了第二级传动副。在转向螺杆转动的过程中,转向螺母并不能转动,而是沿着螺杆轴线进行轴向移动,并通过螺母下端面的齿条来驱动齿扇以及转向摇臂轴的转动。

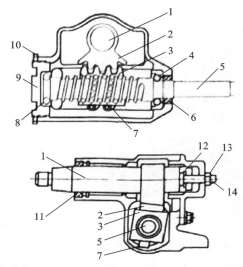

1—转向摇臂轴(输出轴); 2—齿扇; 3—转向螺母; 4、8—轴承; 5—转向螺杆(输入轴);
6、11—油封; 7—钢球导管; 9—可调轴承盖; 10、13—锁紧螺母; 12—调整垫片;
14—调整螺栓

图 3-6 循环球式转向器

循环球式转向器通过托架安装在车架上,其侧盖上装有调整螺栓和锁紧螺母,这些部件的作用是调整齿扇和螺母上齿的啮合间隙;其底盖与壳体之间装有调整垫片,这些垫片用来调整螺杆两端轴承的预紧度。壳体上方装有通气螺塞,这个螺塞兼具加油的功能;下方则装有放油螺塞。

循环球式转向器最大的优点是传动效率高、操纵轻便、工作可靠、使用寿命长。然而,它的主要缺点也相当明显,那就是结构相对复杂,制造精度要求较高,同时逆传动效率也较高。

3)蜗杆曲柄指销式转向器

作为一种机械转向装置,蜗杆曲柄指销式转向器的工作原理主要依托于一级传动副机构。在这一传动副中,蜗杆扮演了主动副的角色,而曲柄与指销则构成了从动副。这种设计赋予了该转向器一系列显著的优点,如高传动效率、操作的便捷性、工作的可靠性以及较长的使用寿命。然而,它也存在一些不足之处,比如结构的复杂性较高、制造时对精度的要求高以及逆传动效率较高,这些都对转向器的支架部分提出了更高的要求。

在蜗杆曲柄指销式转向器的内部结构中,壳体内部装有传动副。在这个传动副中,起到主动作用的是转向蜗杆,而从动部分则由安装在摇臂曲柄端部的指销构成。在汽车的转向过程中,驾驶员通过操作转向盘来驱动转向蜗杆(主动件)旋转。与此同时,与蜗杆啮合的指销(即从动件)不仅自身旋转,还沿着曲柄的半径,在蜗杆的螺纹槽中进行圆周运动。这样的运动方式,最终会导致曲柄和转向摇臂的摆动,进而实现汽车的转向功能。

3. 转向操纵机构的结构和工作原理

转向操纵机构是一组精密的部件,包括转向盘、转向轴、转向万向节、转向传动轴等关键组成部分。这个机构的主要功能是生成必要的操纵力,以驱动转向器完成车辆的转向操作。除此之外,它还具备一定的调节功能和安全性能,以保障驾驶过程的顺畅和驾驶员的安全。

在驾驶过程中,驾驶员通过操纵转向盘,产生转动力,这个力需要被有效地传递给转向器,以驱动车轮进行转向。而转向操纵机构正是起到了这个关键的传递作用。同时,为了保证驾驶员在驾驶过程中的舒适性,转向操纵机构还需要具备一定的调节功能,使其可以根据不同的驾驶员的需求进行调整,达到最佳的使用效果。

此外,为了保障驾驶员在车辆发生碰撞时的安全,转向操纵机构还需要具备一定的安全保护装置。这样的装置可以在车辆发生撞击时,有效地减少对驾驶员的伤害,保护驾驶员的生命安全。总体来说,转向操纵机构是车辆中一个非常重要的部分,它不仅影响着驾驶的操控性,也直接关系到驾驶员的安全。

1) 转向盘

转向盘(图 3-7)通常被人们称作方向盘,它是汽车操控系统中的一个重要组成部分,主要由轮缘、轮辐以及轮毂等几个主要部分构成。轮辐通常会设计成有 3 根或者 4 根辐条的形式,这样的设计既保证了结构的稳固性,又兼顾了轻便性。而轮毂的部分则会有一个圆形的孔洞,通过键和螺母将轮毂固定在转向轴的轴端,确保了转向盘的稳固性。

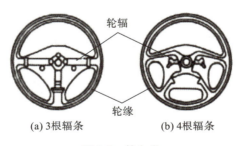

(a) 3根辐条   (b) 4根辐条

图 3-7 转向盘

转向盘的内部是一个金属骨架,这个骨架为转向盘提供了坚实的支撑。在这个金属骨架的外面,通常会包裹一层柔软的合成橡胶或者树脂材料,也有一些高端的转向盘会使用皮革材料进行包裹。这样的设计不仅使得转向盘的手感更加良好,而且在驾驶员手心出汗的情况下也能有效防止转向盘的滑动,提高了行车的安全性。

从安全角度考虑,转向盘的设计不仅要求其外部有能够起到缓冲作用的柔软表皮,还要求在汽车发生碰撞的时候,转向盘的骨架能够产生一定的变形,来吸收冲击能量,从而减轻对驾驶员的伤害。在转向盘的上方,装有喇叭按钮,这是驾驶员发出提示或者其他指令的装置。同时,在一些轿车的转向盘上,还会装有车速控制开关,甚至装有在发生碰撞时用于保护驾驶员的安全气囊等复杂的装置。这些装置都是现代汽车转向盘设计中的重要组成部分,大大提高了汽车的行驶安全性。

转向盘的自由行程,是指转向盘在空转阶段的角行程,它是由转向系统各传动件之间的装配间隙和弹性变形引起的。由于转向系统各传动件之间都存在着装配间隙,而且这些间隙会随着零件的磨损而增大,因此在一定的范围内转动转向盘时,转向节并不会马上同步转动,而是在消除这些间隙并克服机件的弹性变形后,才会做相应的转动,也就是说,转向盘会经历一个空转的过程。转向盘自由行程的存在对于缓和路面冲击以及避免驾驶员过于紧张是有积极意义的,但是过大的自由行程会影响转向的灵敏性。因此,在汽车维护工作中,应定期检查转向盘的自由行程。一般来说,汽车转向盘的自由行程应不超过 10°~15°,如果超过了这个范围,就应该进行相应的调整。

转向盘的转动阻力可以通过弹簧秤拉动转向盘边缘的方法进行测量,计算公式为转动阻力 $=M/R$,其中 M 代表转动力矩,R 代表转向盘的半径。

转向盘的锁止功能可以通过以下步骤进行检查。首先,将点火开关转至"LOCK"位置,然后轻轻转动转向盘。在正确的操作下,转向盘应该锁止不能转动,如果能够转动,那么就说明锁止功能可能存在问题,需要进行进一步的检查和维护。

2)转向轴

转向轴作为汽车转向系统中的核心部件,承担着至关重要的角色。它是连接转向盘与转向器的桥梁,承担着将驾驶员的操控意图迅速而准确地转化成车辆转向动作的重任。在这个过程中,转向轴不仅要确保扭矩的顺畅传递,还要具备足够的刚度,以防止在激烈驾驶时或在复杂路况下发生过度形变,从而保障转向操作的精准性和响应速度。

在汽车的实际运行过程中,转向轴的防护同样不容忽视。它需要抵御尘土、水分和锈蚀的侵袭,以保证能够在一个长期稳定的环境中工作。此外,对于转向轴的连接部分,定期的检查和适当的润滑处理同样重要。这可以有效减少磨损,延长其使用寿命,从而降低因磨损或损坏导致的潜在风险,确保驾驶的稳定性和安全性。

在检查转向轴时,必须特别留意其连接部位是否有松动、磨损或裂纹,以及防尘套是否完好无损。细致的检查和维护不仅能确保转向系统的精准度,还能有效延长转向轴的使用寿命,保障驾驶员在行驶过程中的安全与舒适。

为了确保转向轴万无一失,应定期进行动态平衡测试,以避免因振动导致的操作不适。在维护中,要注重对转向轴进行润滑处理,选择合适的润滑脂,以减少摩擦,降低磨损,保证其灵活性和耐久性。此外,对于转向轴的日常检查,还应关注其运动时的噪声和温度变化,这些往往是早期故障的征兆。及时发现并处理这些问题,对于确保行车安全至关重要。在炎热的夏季,高温可能会导致润滑脂性能下降,为了保障驾驶过程中的安全稳定,对转向轴的校验与调整也是不可或缺的一环。

在汽车发生碰撞时,车身首先被撞坏(第一次碰撞),随后转向操纵机构被后推,从而挤压到驾驶员,使其受到伤害;接着,随着汽车速度的降低,驾驶员在惯性力的作用下向前冲,因再次与转向操纵机构接触(第二次碰撞)而受到伤害。缓冲吸能式转向操纵机构对这两次碰撞都具有吸收能量的作用,能减轻驾驶员受伤程度。

吸能式转向柱(图 3-8)的形式很多,其结构有网格管式、波纹管式、支架变形(或断裂)式、管柱式等。其中波纹管式和支架变形(或断裂)式转向柱靠碰撞时产生的弹性变形来吸能;网格管式转向柱靠碰撞时产生的塑性变形来吸能;而管柱式转向柱靠碰撞时产生的摩擦来吸能。

为了使不同身高和体型的驾驶员能够更加轻松地操控汽车,现代轿车越来越多地采用了

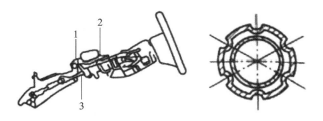

1—可弯曲支架；2—可断裂支架；3—主转向轴

图 3-8　吸能式转向柱

可以进行倾斜和伸缩调节的转向机构。这种设计不仅显著提升了驾驶的舒适度，也极大地增强了车辆的安全性能。可倾斜和可伸缩的转向柱能够根据驾驶员的身体特征进行调节，从而有效减少驾驶员在操作汽车时的不适感和疲劳感，进而提高驾驶时的注意力和反应速度。

此外，这类转向柱在车辆发生碰撞时，还能通过其独特的设计，如多级伸缩和倾斜角度的调节功能，进一步吸收碰撞能量，为驾驶员提供更加全面的保护。这种设计无疑大大提高了驾驶者的生存概率。这些创新的设计细节，充分体现了现代汽车工业在安全性和人性化设计方面的不懈追求和努力。这种追求和努力，不仅使得现代轿车更加符合驾驶员的需求，也为驾驶员提供了更加安全和舒适的驾驶体验。

图 3-9 展示了手动伸缩式转向柱调整机构的运作原理。在进行调整操作时，操作者需向下推动倾斜调整手柄，这一动作将解锁系统，使得转向柱可以进行调整。接着，借助两根转向轴上的花键，操作者可以调整转向盘的前后位置直至达到理想的位置。此时，再向上推动调整手柄，楔形限位器将发挥作用，固定转向轴，确保其不会随意移动。

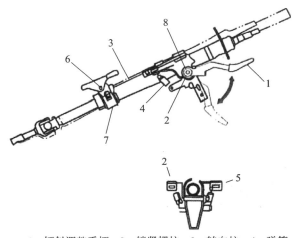

1—倾斜调整手柄；2—锁紧螺柱；3—转向柱；4—弹簧；
5—倾斜机构支架；6—枢轴；7—下支架；8—长孔

图 3-9　手动伸缩式转向柱调整机构示意图

部分车辆装备了可分离式安全转向操纵机构。这种转向操纵机构的转向轴被设计为上、下两段，并通过安全联轴器进行连接。在发生碰撞事故时，驾驶员会因惯性向前扑，这一动作将压缩位于转向柱上方的安全元件，并使其向下移动。这一过程将使得两个驱动销脱离，并迅速从下转向轴凸缘的孔中退出，形成缓冲，从而大大减少碰撞对驾驶员的伤害。

这种设计不仅提高了车辆的安全性能,也充分考虑到了驾驶员在紧急情况下的本能反应。这充分展示了汽车工业在人性化安全设计方面的深入思考和不断进步。通过对转向操纵机构的不断创新与优化,驾驶员的安全得到了更加坚实的保障,为汽车行业的未来发展奠定了坚实的技术基础。

3)转向摇臂

转向摇臂是一种非常典型的机械结构,这种结构在设计上有着许多独特之处。在转向摇臂的设计中,其大端部分是呈三角形状的细花键,其主要作用是与转向摇臂轴实现精准连接并通过螺母来进行固定,以确保连接的稳定性。这一设计巧妙地利用了三角细花键与锥形孔的吻合度来增加两者结合的牢固性,从而提高了整个转向系统的可靠性。

在转向摇臂的小端,设计者同样采用了锥形孔的技术来与球头销的柄部连接并通过螺母来进行固定,该设计确保了转向系统的流畅性和可靠性。这种设计不仅保证了车辆在行驶过程中的稳定性,也提高了驾驶的安全性。

当转向摇臂被安装到位之后,它能够在中间位置向两侧摆动,摆动的角度保持大致对等。这是保证转向系统能够均匀受力以及车辆在行驶过程中能够稳定转向的重要条件。因此,在将转向摇臂装配到转向摇臂轴上时,必须确保两者的相对角度、位置是准确无误的。

为了便于装配时精准对位,通常会在转向摇臂大孔的外端面以及摇臂轴的外端面上刻短线作为参照标记;或者在它们的花键部分特意少铣一个齿,作为装配时的识别标记。这样的设计不仅提高了装配的效率,也保证了转向摇臂安装正确,确保了整个转向系统的正常运作。

总体来说,转向摇臂的设计充分体现了机械设计的精巧和实用性,不仅保证了车辆的转向性能,也提高了驾驶的安全性和舒适性。

4)转向横拉杆

图 3-10 展示了一个转向横拉杆的结构。该装置主要由一根主体为横拉杆的钢管以及两个分别装置在两端的横拉杆接头构成。横拉杆体采用的是钢管材质,其两端被特别加工成了螺纹形状,其中一端是右旋螺纹,而另一端则是左旋螺纹,使得横拉杆体能够通过旋转的方式与横拉杆接头连接在一起。这两个横拉杆接头的结构设计是相同的。

图 3-10 转向横拉杆

通过旋转横拉杆体,我们可以使得两端的接头同时向内或向外移动,从而改变整个装置的长度。这种设计允许我们调整装置的前束值,以满足不同的连接需求。接头的螺纹孔壁上开有轴向切口,这使得接头在旋装到杆体上后,具有很好的弹性。此外,我们还可以使用螺栓将接头夹紧,确保连接的稳定性和可靠性。这种设计不仅使得连接更加稳定可靠,而且还使得整个装置的使用更加灵活方便。

新能源底盘转向系统设计理念分析

学习任务二　汽车电子动力转向系统检修

1. 电子动力转向系统概述

1）电子动力转向（EPS）系统的特点与类型

（1）电子动力转向系统能够在不同车速下给车辆提供转向助力，其助力特性的设计依据车速不同而不同，可以兼顾车辆低速行驶时的转向轻便性及车辆高速行驶时的转向稳定性，改善车辆的操纵稳定性。

（2）电子动力转向系统具有较好的燃油经济性。普通车辆的液压助力转向系统由发动机直接传动，即使在车辆不转向时其液压泵也一直工作，而电子动力转向系统只在车辆转向时其助力电机（即动力转向电机）才提供转向助力，从而减少了燃料消耗。

（3）电子动力转向系统助力与发动机的工作状况无关，其助力电机由动力电池供电，即使在发动机停机时也能提供转向助力。

（4）电子动力转向系统取消了液压泵、传动带、传动带轮、液压软管、液压油及密封件等，其零件数比液压助力转向系统少，易于实现模块化设计和安装。

（5）电子动力转向系统没有液压装置和油管，无渗油、老化问题，其保修成本较低，污染较小。

（6）电子动力转向系统更易配置和检测，可以通过设置不同的程序快速与不同车型匹配，缩短开发和生产周期。

电子动力转向系统根据助力电机的安装位置及其与转向系统的连接方式的不同，大致可以分为三种不同的类型，分别是转向轴助力式电子动力转向系统、齿轮助力式电子动力转向系统以及齿条助力式电子动力转向系统。

（1）转向轴助力式电子动力转向系统。

在转向轴助力式电子动力转向系统中，助力电机被固定在转向轴的一侧，电机与转向轴之间通过一个减速机构连接。在这种结构下，助力电机的作用主要是直接驱动转向轴进行动力转向，从而使得驾驶员在操作转向盘时能够感受到更为明显的助力效果。

（2）齿轮助力式电子动力转向系统。

齿轮助力式电子动力转向系统则有所不同，其助力电机和减速机构与一个小齿轮相连接，这个小齿轮则直接与转向系统中的齿轮相啮合。在这种情况下，助力电机主要通过驱动这个小齿轮，进而带动齿轮进行动力转向。

（3）齿条助力式电子动力转向系统。

齿条助力式电子动力转向系统的构造则更为直接，其助力电机和减速机构直接驱动转向系统中的齿条，从而提供动力，使得驾驶员在操作转向盘时能够得到及时且明显的助力。

这三种不同的电子动力转向系统，从结构上来说各有特点，但它们的共同目的都是提供更好的转向助力，以适应不同路况和驾驶需求，提升驾驶的便捷性和安全性。

2）新能源汽车电子动力转向系统

新能源汽车的电子动力转向系统在结构和功能上与传统燃油汽车所使用的电子动力转向系统大致保持一致。这种系统的核心在于利用电子技术来辅助驾驶员进行转向操作，提高了驾驶的便捷性和安全性。然而，由于纯电动汽车的设计中摒弃了内燃机这一组件，而混合动力车辆在纯电动模式下也不需要内燃机工作，因此传统的通过内燃机来驱动液压助力油泵的方式就不再适用，也就无法实现液压助力。

针对这一变化，新能源汽车，尤其是混合动力汽车，普遍采用了电子动力转向系统。这一系统的工作原理是在原有的机械转向系统之上，增加一套电子助力装置，通常是一个电机。这个电机可以在驾驶员进行转向操作时提供额外的辅助力，使得转向更加轻松，尤其是在低速或是负载较大时，能显著减轻驾驶员的劳动强度。

后文将以凯美瑞混合动力汽车所配备的电子动力转向系统作为案例，对该系统进行详细的解析和介绍，通过深入探讨其工作原理、组成部分以及性能特点，帮助读者更好地理解新能源汽车电子动力转向系统的运作机制及其在提升驾驶体验方面的作用。

2. 混合动力汽车的电子动力转向系统

1）混合动力汽车电子动力转向系统的特性

凯美瑞混合动力汽车采用的电子动力转向系统的独到之处在于其创新的设计理念。该系统的工作原理是，在转向齿条上安装直流电机，当驾驶员进行转向盘操作时，该电机能够产生转矩，从而为驾驶员的转向操作提供必要的助力。这种设计不仅提高了转向的便捷性，也使得驾驶更为轻松。

其中，动力转向电子控制单元起到了核心的作用。它能够根据传感器以及其他电子控制单元(ECU)发送的信号，精确计算出所需的转向助力的大小。这一过程的精准度非常高，确保了驾驶员的每一次转向都能得到恰到好处的助力。

此外，动力转向电子控制单元还通过控制器局域网络(CAN)总线与其他系统，如制动防滑控制电子控制单元、混合动力车辆控制电子控制单元以及主车身电子控制单元保持通信。这种通信机制确保了整个系统能够高效运作，各个系统之间能够相互配合，提高了车辆的整体性能。

在凯美瑞混合动力汽车中，还引入了 VSC＋系统。当 VSC＋系统启动时，动力转向电子控制单元能够迅速地接收来自制动防滑控制电子控制单元的助力转矩请求信号。在接收到信号后，动力转向电子控制单元会立即对直流电机的助力转矩进行控制，以确保车辆在行驶过程中的稳定性。这一过程的反应速度非常快，为驾驶员提供了及时的辅助，增强了驾驶的安全性。

2）电子动力转向系统的优势

该转向系统的助力来源是安装在转向柱上的直流电机，只有在需要动力转向的情况下，电机才会消耗能量。与传统的液压助力转向系统相比，电子动力转向系统在可维修性方面也具有显著的优势，这是因为它省去了复杂的管路、叶片泵、滑阀和动力转向液等零件。这些特点使得 EPS 系统成了一种更为高效、经济且易于维护的转向系统。

3）混合动力汽车的电子动力转向系统的组成

（1）转矩传感器。

转矩传感器是一种能够检测并测量转矩的装置，它被精确地安装在主轴的输入轴以及小齿轮的输出轴上。输入轴和输出轴之间通过一根具有扭转功能的杆件进行机械连接。当转向盘被旋转时，该传感器能够监测到所产生的转向力矩。然后，它将这个转向力矩转换成为电信号，电信号经过处理后用于计算作用在扭转杆上的转矩大小。一旦转矩被准确计算出来，这个信号就会被传输到动力转向电子控制单元。

(2) 动力转向电机。

动力转向电机(图 3-11)是一个关键的驱动组件,它与齿条轴位于同一根轴上。当电机旋转时,通过一系列复杂的机械转换(包括循环球螺母和钢球的帮助),旋转运动最终被转换成转向齿条的直线运动。这一过程使得驾驶员在操作方向盘时能够获得额外的辅助力,从而使得转向更为轻松。这一系列的动作和力的转换都是基于动力转向电子控制单元发出的信号来实现的。这些信号指导电机产生必要的转向助力,以满足驾驶员的操作需求。这就是动力转向系统的基本组成部件,它们协同工作,共同为驾驶员提供安全可靠的驾驶体验。

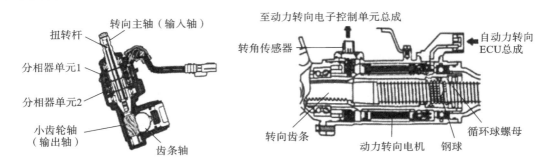

图 3-11　动力转向电机结构及其安装位置

(3) 动力转向电子控制单元。

动力转向电子控制单元负责实时监测并精确计算转向时的扭矩以及车辆的行驶速度,以此为依据来确定所需提供的助力大小。该系统通过精确的算法分析,确保在不同的驾驶条件下,驾驶员能够获得恰当的助力,从而保证驾驶的便捷性和安全性。

为了确保电机能够有效地响应电子控制单元的指令,系统会依赖电机转角传感器所提供的数据。该传感器能够检测电机的实时旋转角度,电子控制单元利用这些信息来调节蓄电池的电压,从而生成恰当的电机驱动电压。这一过程是自动进行的,确保了电机能够在不同的负载条件下,提供稳定的助力。

此外,为了确保整个动力转向系统的安全运行,电子控制单元还内置了过热保护机制。当检测到电机或电子控制单元的温度超过预设的安全阈值时,系统会自动限制转向助力,防止因过热而可能引发的故障或损害。这种保护措施保障了系统的可靠性,并减少了潜在的维修成本和风险。整个过程不涉及任何人为干预,完全由电子控制单元自动控制,极大地提高了驾驶的便捷性和安全性。

(4) 混合动力车辆控制电子控制单元。

混合动力车辆控制电子控制单元的主要功能之一是向动力转向电子控制单元发送信号,这一信号的作用是告知动力转向系统即将开始工作,以便其做好接收电源的准备。这一过程对于确保动力转向系统能够及时响应驾驶员的操作至关重要,可以保障车辆行驶过程中的操控性和安全性。在混合动力车辆中,由于同时存在内燃机和电动机两种动力源,因此动力转向系统的准备通电过程需要受到电子控制单元的精确控制,以协调不同动力源之间的协同工作,优化车辆的能源使用效率。

(5) 制动防滑控制电子控制单元。

制动防滑控制电子控制单元的主要功能是确保车辆在行驶过程中的稳定性和安全性。它通过接收来自速度传感器的信号,对车辆的行驶速度进行实时监测,并将这些信号传递给动力转向电子控制单元。当车辆稳定性控制系统启动时,制动防滑控制电子控制单元会根据联合控制传感器的信号计算出助力转矩,然后将这个助力转矩信号发送给动力转向电子控制单元。这样,动力转向电子控制单元就可以根据这个信号来调整车辆的转向助力,以保证车辆在行驶过程中的稳定性和安全性。总体来说,制动防滑控制电子控制单元的作用就是通过与动力转向电子控制单元的协同工作,确保车辆在各种行驶条件下的稳定性和安全性。

(6) 主车身电子控制单元。

主车身电子控制单元在接收到动力转向电子控制单元发出的系统故障信号后,会立即做出反应。此时,组合仪表上会亮起主警告灯,以此来提醒驾驶员存在潜在的系统问题。主车身电子控制单元是车辆电子控制系统中的一个关键组成部分,其位置是至关重要的,它通常被安装在车辆的中央控制模块中,负责接收和处理来自各个子系统的信息,并据此调节车辆的各种功能,确保车辆的稳定性和安全性。在接收到动力转向电子控制单元的故障信号后,主车身电子控制单元会立即启动故障诊断程序,对问题进行排查,并根据诊断结果采取相应的措施,以保证车辆的正常运行。同时,它还会将故障信息显示在组合仪表上,让驾驶员能够及时了解车辆的运行状况,做出相应的处理。

(7) 电机转角传感器。

电机转角传感器的主要功能是精确地检测动力转向电机在运行过程中的转角变化。通过对动力转向电机的转角进行实时监测,电机转角传感器能够为车辆的转向系统提供重要的数据支持,确保转向系统的正常运行。通过对转角数据的连续采集和处理,电机转角传感器能够将动力转向电机的转角信息转化为电信号,传递给车辆的控制单元。这样,控制单元可以根据转角传感器提供的信息,对转向系统进行精确的控制,从而提高车辆的操控性能和行驶稳定性。此外,电机转角传感器还可以为车辆的其他系统提供有价值的信息,例如车辆的姿态控制、动力分配等。因此,电机转角传感器在车辆的运行过程中发挥着至关重要的作用。

4) 电子动力转向系统的工作原理

转矩传感器被精确地安装在了主轴的输入轴以及小齿轮的输出轴上,这些传感器的存在是为了能够准确地测量和监控转矩的变化。输入轴和输出轴之间,通过一根特制的扭转杆进行物理连接,这根扭转杆能够在转矩的作用下发生扭转,从而将转矩的大小转换为可以测量的物理信号。这种设计使得转矩传感器能够有效地感知到输入轴和输出轴之间的转矩传递情况,为系统的运行提供了安全保障和性能监测的重要手段。

假如我们进行转向盘的旋转操作,此时内部的扭转杆也会随之发生扭转动作,这种扭转动作进而会引起转矩传感器开始工作,它能够检测到电机转速之间的差异。这个转速差被转矩传感器转化成电信号,进而传递给动力转向电子控制单元总成。该电子控制单元总成是一个高级的电子计算装置,它接收到来自传感器的信号后,会启动一系列复杂的计算过程。这些计算过程的核心就是根据接收到的转角差数据准确计算电机所需的转矩。通过这种方式,动力转向电子控制单元总成确保电机能够根据转向盘的转动幅度和速度,精确地提供恰当的助力,以保证车辆行驶过程中的操控性和稳定性。

根据车辆当前的行驶速度以及前一步骤计算得出的转矩数值,动力转向电子控制单元会进行精确的计算,以确定所需的辅助转矩值。接着,动力转向电子控制单元会控制电机的驱动电路,使其产生恰当的辅助转矩。这一过程确保了转向系统的顺畅运作,提供了必要的辅助动力,以帮助驾驶员进行转向操作,从而提升驾驶的便捷性与安全性。

接下来，需要将循环球螺母安装到电机轴上。循环球螺母是一种能够将电机的旋转运动转换为直线运动的重要部件。安装时，需要先将循环球螺母固定在电机轴上，然后通过钢球的作用，将电机的旋转运动转换为转向齿条的直线运动。这样，就可以实现电机的精确控制和操作。

在这个操作过程中，辅助动力将显著减少驾驶员需要施加的转向力矩。这意味着，驾驶者在操控车辆时，所需用的力量将会大大减轻。这种辅助动力来自一系列精密的机械和电子系统，它们共同工作，以提高驾驶的便捷性和舒适性。通过这种方式，车辆能够更加灵敏地响应驾驶员的指令，使得转向更加轻松自如。这对于长时间驾驶的人来说尤其重要，因为它可以减少驾驶疲劳，提高行车的安全性和稳定性。总体来说，这种辅助动力不仅提升了驾驶体验，也增加了车辆行驶时的安全性。

5）动力转向电子控制单元的其他控制功能

（1）电子动力转向系统控制。

动力转向电子控制单元承担着至关重要的任务，它能够接收并处理来自车辆各传感器的信号。这些传感器提供的数据涵盖了车辆的多种状态信息，动力转向电子控制单元对这些信息进行仔细的分析和判断，以确定车辆当前的具体状况。在准确了解车辆状态之后，动力转向电子控制单元会计算并确定需要施加到直流电机上的助力电流的大小，这一过程对于确保车辆行驶时的操控性至关重要。

在配备了 VSC＋系统的车型中，动力转向电子控制单元的作用更为显著。VSC＋系统能够提供制动防滑控制电子控制单元的信息，这些信息对于动力转向电子控制单元来说非常宝贵。动力转向电子控制单元会根据这些信息，与制动防滑控制电子控制单元协同工作，共同对转向助力扭矩进行精确控制。这种联合控制的方式，使得驾驶员在进行转向操作时，能够感受到更为灵敏和便捷的转向反应。这不仅提升了驾驶员的操控体验，也大大提高了车辆在行驶过程中的转向稳定性，从而增强了车辆的安全性能，保障了乘员的安全。通过这种精密的控制，车辆能够更好地适应各种复杂的路况和驾驶条件，为驾驶员提供更为可靠和稳定的驾驶支持。

（2）动力转向电子控制单元温度传感器及温度控制。

动力转向电子控制单元中装备的温度传感器承担着监测电子控制单元运行温度的重要任务。当电子控制单元的温度超过设定的安全阈值时，该传感器会立即做出反应。一旦温度传感器确认电子控制单元的温度升至过热状态，它将激活一系列保护措施。具体来说，为了缓解电子控制单元的过热状态，温度传感器会向直流电机发送信号，以调整助力电流的大小。这种调整是一种有效的降温手段，有助于防止电子控制单元因过热而可能引发的性能下降甚至损坏。通过减小助力电流，电子控制单元的工作负载得到减轻，进而有助于恢复其温度至正常工作范围内，确保整个动力转向系统的稳定性和可靠性。这一自动调节过程不只会保护电子控制单元本身，同时也有助于保障整个车辆的安全行驶，避免因转向系统故障而可能导致的意外情况。

（3）自诊断功能。

当动力转向电子控制单元监测到电子动力转向系统存在任何异常情况时，它会立即采取行动以保障驾驶安全。具体而言，与受影响的具体功能相关联的主要警告灯将会亮起，向驾驶员清晰地发出警示信号，表明系统中存在故障。这不仅提供了即时的视觉提示，还确保了驾驶员能够意识到潜在的机械问题，并采取适当的措施。

除此之外,诊断故障的一个关键步骤是存储诊断故障代码(DTC)。一旦检测到电子动力转向系统的故障,这些诊断故障代码就会被记录在电子控制单元的内部存储器中。这些代码包含了关于故障性质和位置的重要信息,通常以两位数的编码形式呈现。这些诊断故障代码对于后续的故障诊断和维修至关重要,因为它们提供了诊断程序的起点,并指导技术人员进行精确的故障排除。

为了能够读取和分析这些诊断故障代码,通常需要使用专用的智能测试设备。这些测试设备具备与电子控制单元通信的能力,能够通过诊断连接器访问存储在电子控制单元中的 DTC。通过这种方式,技术人员不仅能够快速确定问题所在,还能够获取关于故障的详细信息,从而进行有效的维修和必要的系统调整,以确保车辆的转向系统能够恢复正常工作。

(4) 安全保护。

在电子动力转向系统检测到故障并触发警告灯和蜂鸣器的同时,车辆的安全保护功能也会被自动激活。这一系列安全措施的目的是防止因转向系统的故障而导致更严重的安全问题。作为这一复杂安全机制的核心,电子控制单元将开始对多项车辆控制功能进行调整,以确保车辆在出现故障的情况下仍能安全行驶。这些调整可能包括对车辆转向力度、稳定性控制系统的干预,以及其他与车辆操控相关的系统的调整,从而确保驾驶员在继续行驶过程中能够拥有足够的控制力,并最大限度地减少因故障带来的不便和风险。

新能源底盘转向系统优劣势

项目四　新能源汽车行驶系统故障排除

思政导学

挑战前行姿态，探索工匠精神

"挑战前行姿态"意味着在面对困难和挑战时，应保持积极主动、勇于探索和创新的态度。它鼓励个人和团队不断超越自我，追求更高的目标。在汽车技术领域需要这种不断挑战自我的精神。

"探索工匠精神"是在追求卓越的道路上，对技艺的极致追求和对工作的热爱。工匠精神强调的是对工作的敬畏、对技艺的传承和创新、对细节的极致关注以及对产品品质的不懈追求。工匠精神是推动汽车行业进步和提升客户满意度的重要力量。

将"挑战前行姿态"与"探索工匠精神"相结合，意味着在追求卓越和创新的同时，应保持对工作的热爱和对细节的专注。在个人生活中，它鼓励我们不断学习新技能，挑战自我，保持对工作质量的高标准；在团队协作中，它鼓励创新思维，强调团队成员间的相互尊重和协作。

"挑战前行姿态，探索工匠精神"是一种积极向上的生活和工作态度，它鼓励我们在追求个人成长和职业发展的同时，不忘对品质和技艺的追求，为社会创造更多有价值的产品。

学习目标

(1) 了解轮胎发展史,掌握车轮与轮胎拆装,扒胎与车轮动平衡。
(2) 了解新能源汽车悬架拆装检修、悬架原理、悬架故障排除。
(3) 学习新能源汽车四轮定位的意义与操作步骤。

学习任务一　车轮与轮胎拆装

新能源汽车车轮和轮胎在设计理念、材料选择和功能要求上可能与传统汽车车轮和轮胎有所区别,以适应新能源汽车的特殊需求。随着新能源汽车市场的扩大和技术的不断发展,未来可能会出现更多专为新能源汽车设计的车轮和轮胎产品,以便更好地服务于这一新兴市场。但总体来说,新能源汽车车轮和轮胎与传统汽车车轮和轮胎在很多方面仍然保持相似性,因为它们都需要满足基本的行驶和安全要求。

1. 轮胎发展史

轮胎的发展历程可以追溯到古代,最早的轮胎是由木头和铁等材料制成的,这从我国古代战车和国外绅士马车上都能看出。在1493—1496年,探险家哥伦布在西印度群岛中发现了橡胶,这是现代轮胎发展的一个重要里程碑。

1845年,英国人罗伯特·汤姆逊发明了世界上第一个充气轮胎,并提出了用压缩空气充入弹性囊以缓和运动时的振动与冲击的方案。这种充气轮胎虽然还处于初级阶段,但已经显示出其优越性。

随着汽车工业的兴起,轮胎技术也得到了迅速发展。1895年,首批汽车轮胎样品在法国出现,这些轮胎由平纹帆布制成,虽然没有花纹,但已经具备了基本的使用功能。1908—1912年,轮胎开始有了显著的变化,胎面胶上增加了花纹,从而提高了使用性能。

20世纪初至中期,轮胎技术不断进步。1913年,英国人Gray和Sloper发明了子午线轮胎,并取得了专利权。然而由于当时的技术和设备限制,子午线轮胎直到1946年才由法国米其林公司成功试制和生产。此外,1913—1926年,帘线和炭黑轮胎技术的发明为轮胎工业奠定了基础。

在中国,轮胎行业的发展经历了几个重要阶段。1934年,第一个国产轿车轮胎由大中华橡胶厂研发成功,标志着中国轮胎行业的起步。改革开放以后,中国轮胎行业迎来了快速发展期,逐渐从量变转变为质变。特别是自1964年和1982年分别自主研发、生产全钢子午线轮胎和半钢子午线轮胎以来,中国轮胎技术取得了显著进步。

近年来,随着科技的进步和环保意识的增强,轮胎行业在材料科学、制造工艺和智能化技术方面取得了显著进展。新型轮胎材料、气压自动调节技术和智能感应技术的应用大大提高了轮胎的性能和安全性。同时,绿色轮胎和"液体黄金轮胎"等技术创新也推动了行业的持续发展。

轮胎作为汽车的核心部件之一,其发展历程紧密关联着材料科学和制造工艺的进步。从最早的实心橡胶轮胎到现代的复合橡胶轮胎,每一次技术革新都标志着轮胎性能的显著提升。

早期轮胎的主要材料是天然橡胶,这种材料虽然具有一定的弹性,但在耐磨和耐高温方面存在明显不足。随着合成橡胶技术的成熟,轮胎制造商开始采用丁苯橡胶、异戊橡胶等新型材料,这些合成橡胶在耐磨性、耐高温性以及抗老化性能方面均优于天然橡胶,极大地提高了轮胎的使用寿命和可靠性。

20世纪中叶,子午线轮胎的出现是轮胎设计领域的一次革命。子午线轮胎的胎面与胎体呈90°,这种结构显著提高了轮胎的横向稳定性和耐磨性,同时降低了滚动阻力,有助于提高燃油效率。此外,子午线轮胎的胎面花纹设计也更为复杂,通过优化花纹设计,提高了轮胎在湿滑路面的抓地力和排水性能。

进入21世纪,轮胎技术的发展更加注重环保。节能轮胎的设计通过减少滚动阻力来降低汽车的燃油消耗和尾气排放,以适应全球范围内日益严格的环保法规。同时,智能轮胎技术的发展使得轮胎能够实时监测自身状态,并通过无线通信技术向驾驶员或车辆管理系统发送预警信息,为行车安全提供了额外保障。

轮胎材料的创新也是技术进步的重要方面。例如,硅烷化橡胶的应用提高了轮胎的耐磨性和抗老化性能。此外,新型的胎面花纹设计和胎面纹理技术的不断优化,提高了轮胎在湿滑路面的抓地性能和排水性能。同时,环保型轮胎材料的研发,如可再生橡胶和生物基材料,也在轮胎生产过程中的环境影响方面发挥了积极作用。

综上所述,轮胎的发展历程是一部充满创新和突破的历史。从原始的橡胶轮胎到现代的复合橡胶轮胎,每一次技术进步都为汽车行业的发展提供了支持,同时也满足了消费者对安全、舒适和环保的需求。随着新材料和新技术的不断涌现,轮胎行业有望继续迎来更多的创新,推动汽车行业向更高的效率和可持续发展目标迈进。

2. 轮胎分类

轮胎的分类方法多种多样,主要可以按照结构、花纹、车种和尺寸进行分类。

1)按结构分类

(1)子午线轮胎:这种轮胎的帘布层排列方向与轮胎滚动方向一致,具有较好的燃油经济性和操控性。

(2)斜交轮胎:这种轮胎的帘布层排列方向与轮胎滚动方向成一定角度,具有较高的强度和耐磨性。

2)按花纹分类

(1)条形花纹轮胎:这种轮胎的花纹为条状,主要适用于高速行驶的车辆,能有效降低噪声。

(2)横向花纹轮胎:这种轮胎的花纹横向排列,适合在湿滑路面上使用,能提供良好的抓地力。

(3)混合花纹轮胎:结合了条形花纹轮胎和横向花纹轮胎的特点,适用于各种路况。

(4)越野花纹轮胎:这种轮胎的花纹较深且宽,适合在复杂和不平坦的路面上行驶。

3)按车种分类

(1)PC——轿车轮胎:用于普通乘用车。

(2)LT——轻型载货汽车轮胎:用于轻型货车和SUV等车型。

(3)TB——载货汽车及大客车轮胎:用于重型货车和大型客车。

(4)AG——农用车轮胎:用于农业机械和三轮车。

(5) OTR——工程车轮胎：用于工程机械车辆，如推土机、装载机等。

(6) ID——工业用车轮胎：用于工业车辆和设备。

(7) AC——飞机轮胎：用于飞机。

(8) MC——摩托车轮胎：用于摩托车。

斜交轮胎

4）按尺寸分类

(1) 全尺寸备胎：与原车轮胎规格完全相同的备胎。

(2) 半钢丝轮胎：适用于轿车或轻型卡车。

(3) 全钢丝轮胎：适用于载重及工程机械车辆。

此外，还有按用途分类的，如工程车轮胎、工业车辆轮胎、农业轮胎等。这些分类标准帮助用户根据不同的需求选择合适的轮胎类型。

3. 子午线轮胎的发明背景、技术难点、优势和最终成功的原因

子午线轮胎的发明背景、技术难点、优势和最终成功的原因可以从以下几个方面进行详细分析。

1）发明背景

子午线轮胎的概念最早可以追溯到20世纪初期。1913年，英国人格雷（Gray）和斯洛珀（Sloper）提出了子午线轮胎的设想，并为此申请了专利。然而，由于当时的技术条件限制，这一设想并未立即实现。

直到1946年，法国米其林公司试制了全世界第一个子午线轮胎，这标志着轮胎工业中的一场革命。此后，米其林公司在1953年进一步开发了全钢丝载重汽车子午线轮胎。

2）技术难点

子午线轮胎的制造工艺要求较高，技术难度相对较大。其主要难点包括以下几点。

(1) 结构复杂。子午线轮胎的胎体结构不同于传统的斜交轮胎，需要多层小角度钢丝带束层从胎体上对胎体进行加固。

(2) 尺寸大。巨型工程子午线轮胎的生产涉及巨大的尺寸和重量，这对技术和设备提出了更高的要求。

(3) 载荷重。子午线轮胎需要承受较大的载荷，这增加了其制造的复杂性。

(4) 吸震能力较弱。与斜交轮胎相比，子午线轮胎的吸震能力较弱，胎面容易产生噪声，这可能影响乘坐的舒适性。

3）优势

(1) 提高操控稳定性。子午线轮胎的胎面中心部分与胎侧的连接角度接近90°，这种设计使得轮胎在行驶过程中能够更有效地承受横向力，从而提高了车辆的操控稳定性。特别是在高速行驶或者急转弯时，子午线轮胎能提供更好的抓地力，减少打滑的风险。

(2) 改善燃油经济性。由于子午线轮胎的滚动阻力较低，这意味着车辆在行驶过程中只需要较少的能量来克服轮胎与地面之间的摩擦，从而可以降低燃油消耗。这对于长期运行成本的控制以及环境保护都是有益的。

(3) 延长轮胎使用寿命。子午线轮胎的胎面花纹设计通常采用纵向沟槽，这种设计有助于减少轮胎在行驶过程中的磨损，尤其是在高速公路上长时间行驶时，子午线轮胎的耐用性表现更佳。

(4) 提升舒适性。子午线轮胎的胎面设计通常较为柔软，能够更好地吸收路面的震动，从而提高乘坐舒适度。此外,由于其较好的排水性能,子午线轮胎在湿滑路面上的行驶也更为平稳,减少了水滑现象的发生。

(5) 改善湿滑路面抓地力。子午线轮胎的胎面花纹设计有利于排水,减少了在湿滑路面上的水膜效应,提高了抓地力,从而增强了车辆在湿滑路面上的行驶能力。

(6) 适应性强。子午线轮胎由于其结构特点,对不同路况的适应性较强,无论是在干燥的沥青路面还是在湿滑的水泥路面,都能保持良好的性能。

(7) 减少维护成本。由于子午线轮胎的耐磨性和较低的滚动阻力,维护频率和更换周期较长,这降低了长期的维护成本。

(8) 环保。子午线轮胎在使用过程中能够节省燃油,从而间接减少了尾气排放,对环境的污染较小。同时,随着环保材料的使用,子午线轮胎的生产过程也在逐步实现绿色化。

子午线轮胎的这些优势使其成为现代汽车首选的轮胎类型,被广泛应用于乘用车、商用车和特种车辆等领域。随着轮胎技术的不断进步,子午线轮胎的性能将持续优化,更好地满足未来汽车工业的发展需求。

4) 成功的原因

子午线轮胎能够成功问世,主要有以下几个原因。

(1) 米其林公司的持续研究与创新。米其林公司在1946年成功试制出第一代子午线轮胎后,继续进行深入研究和改进,特别是在全钢丝载重汽车子午线轮胎的开发上取得了重大突破。

(2) 市场需求的推动。随着汽车工业的发展,对高性能轮胎的需求日益增加,子午线轮胎因其优越的性能逐渐成为市场主流。

(3) 技术垄断。国际上只有少数几家公司,如米其林、BS和固特异等掌握了巨型工程子午线轮胎的生产技术,并且这些公司严密封锁技术,形成了一定程度的技术垄断。

4. 轮胎结构

(1) 胎面——由胎冠、胎肩、胎侧组成。胎冠由耐磨橡胶构成,直接承受摩擦和载荷;胎肩是胎冠与胎侧之间的过渡部分,也有花纹利于防滑和散热;胎侧由薄且软的橡胶组成,起到支撑和减振的功能。

(2) 覆盖层——是连接胎面和钢丝带束层的部分,用于固定钢丝带束层,避免带束层出现严重位移。

(3) 钢丝带束层——位于胎体帘布层上面,对轮胎的刚性很重要,影响轮胎的操控性能及轮胎使用寿命。

(4) 胎体帘布层——轮胎内部最主要的受力结构,提供轮胎必要的强度,保护轮胎的内部结构,承担轮胎内部气压。

(5) 气密层——主要作用是防止压缩气体泄漏,从而确保轮胎内部有充足的气体。

(6) 胎圈——主要作用是将轮胎装上轮辋以固定轮胎。

5. 轮胎的使用

轮胎作为汽车的重要组成部分,其正确使用和维护对于确保行车安全、提高行驶效率以及延长汽车使用寿命至关重要。以下是关于轮胎正确使用的一些详细建议和注意事项。

(1) 定期检查轮胎气压。轮胎气压是影响轮胎性能的关键因素之一。过低的气压会增加轮胎与地面的接触面积,从而增加滚动阻力,导致燃油消耗增加,同时也会加速轮胎的磨损。相反,过高的气压则可能减少轮胎的抓地力,影响车辆的操控稳定性,甚至在极端情况下导致轮胎爆裂。因此,车主应定期(建议每周至少一次)检查轮胎气压,确保其符合车辆制造商推荐的标准值。在检查气压时,最好在轮胎冷却状态下进行,因为热胎的气压会比冷胎高。

(2) 避免超载。超载是导致轮胎过度磨损和损坏的常见原因之一。车辆在超出轮胎额定负载的情况下行驶,会使轮胎承受过大的压力,从而加速轮胎的磨损,缩短使用寿命。此外,超载还会增加轮胎爆胎的风险,对行车安全构成严重威胁。因此,车主在装载货物时,应严格遵守轮胎的最大承载能力限制,避免超载。

(3) 合理更换轮胎位置。为了保证轮胎磨损的均匀性,建议车主定期交换轮胎位置。对于大多数车辆来说,可以每 5000～10000 km 交换前后轮胎,或者根据轮胎的磨损情况进行调整。定期交换轮胎位置可以使轮胎均匀分担车辆的重量,延长轮胎的使用寿命。

(4) 及时更换磨损严重的轮胎。轮胎的磨损程度是判断其是否需要更换的重要依据。当轮胎花纹深度低于法定最低限度(通常为 1.6 mm)时,应立即更换新轮胎。此外,如果轮胎出现裂纹、鼓包或其他损伤,也应考虑更换。及时更换磨损严重的轮胎可以避免因轮胎性能下降而引发的安全事故。

(5) 注意轮胎的存储。对于未使用的轮胎,应妥善存放,避免其受到环境因素的影响而损坏。理想的存储环境应该是干燥、通风、避光的地方,远离油、热源和化学品。长时间存储的轮胎应定期旋转,以防止变形。正确的存储不仅可以延长轮胎的使用寿命,还可以在需要时确保其性能不受影响。

(6) 选择合适的轮胎。不同的车辆和驾驶条件可能需要不同类型的轮胎。例如,对于高速行驶或恶劣路况,应选择高性能或全地形轮胎。在选择轮胎时,应考虑车辆的型号、驾驶习惯、路况等因素,选择最合适的轮胎。使用合适的轮胎可以提高车辆的操控稳定性和行驶舒适性,同时确保行车安全。

(7) 避免在恶劣路况下行驶。尽量避免在尖锐物体、玻璃碎片、泥泞等恶劣路况下行驶,以免损伤轮胎。在不可避免的情况下,应减速慢行,并尽量避开障碍物。恶劣路况会加速轮胎的磨损和损坏,缩短其使用寿命。

(8) 遵守轮胎维护规定。阅读并遵循轮胎制造商提供的维护手册,了解轮胎的正确使用和保养方法。轮胎制造商通常会提供详细的维护建议,包括如何检查和维护轮胎、如何选择合适的轮胎等。通过遵循制造商的建议,可以确保轮胎的正确使用和维护,延长其使用寿命。

通过以上措施,车主可以确保轮胎的正确使用和维护,从而延长轮胎的使用寿命,保证行车安全,提高行驶效率。记住,轮胎是车辆唯一与路面接触的部分,其状态直接关系到驾驶的安全性和舒适性。因此,对轮胎的正确使用和维护不容忽视。

6. 轮胎的检查

汽车轮胎如图 4-1 所示。轮胎的检查包括以下内容。

(1) 胎面花纹检查。轿车使用的子午线胎面花纹磨损极限为 1.6 mm,胎面花纹深度大于 3.5 mm 是良好状态,而胎面花纹深度为 2.5～3.5 mm 是正常状态,胎面花纹深度小于 2.5 mm 是需要更换的状态,胎面花纹深度到了极限值 1.6 mm 时就必须更换了。

图 4-1 汽车轮胎

（2）轮胎胎面及胎侧的检查。我们可以通过目视检查的方法检查轮胎的胎面及胎侧。观察轮胎上是否有可见的裂纹和切口，这些缺点都是要避免的。如果裂纹和切口严重，最好尽快对轮胎进行检修或更换。

（3）轮胎起包变形。在某些情况下，轮胎会出现高于正常轮胎表面的凸起或起包变形，如果轮胎没有及时检修或更换，有可能会导致爆胎，甚至导致驾驶员受伤。这种情况要及时去修理厂修理或者更换轮胎。

（4）轮胎是否被扎检查。检查轮胎胎面及胎侧是否被扎，如果胎面被扎，进行专业修补即可，但是如果同一轮胎修补的次数超过三次，则应尽量更换新轮胎；如果胎侧被扎，其情况比胎面受伤更危险，受损严重的必须更换轮胎，如果只是标志处或靠外侧轻微受损，则进行修补即可。

（5）轮胎气压检查。准备好胎压表，找到原厂胎压标签的位置，将胎压表气门接口压住轮胎气嘴，直到指针达到最高值开始读取轮胎气压，操作完成后将胎压表回零，并给轮胎重新盖上气嘴帽。

7. 轮胎的拆装步骤

1）扒胎机的作用

扒胎机也叫轮胎拆装机。其作用就是更换轮胎。当一个轮胎由于各种原因不能继续使用时，需要将其从轮辋上拆卸下来，装上新的轮胎，这时一般情况下就需要使用扒胎机。利用扒胎机可以在汽车轮胎维修过程中更方便顺利地拆卸轮胎。

2）扒胎机的结构

如图 4-2 所示，扒胎机的结构包括：压紧手柄、胎压表、鸟头及鸟尾、立柱、轮胎锁止装置、转盘、风压铲及手柄、撬杠、锁止装置控制踏板、风压铲控制踏板、转盘控制踏板、润滑剂存放装置等。

3）轮胎拆装与扒胎机的使用

了解了扒胎机的结构后，我们来学习扒胎机的规范操作（图 4-3）。扒胎机的操作应遵循以下步骤。

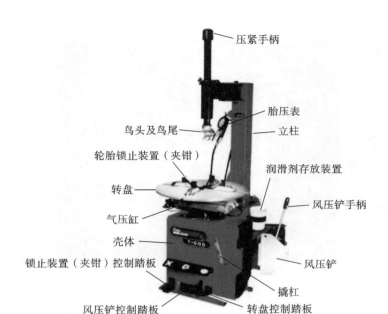

图 4-2 扒胎机的结构

图 4-3 扒胎机的操作

(1) 清洁扒胎机,接通电源以及气源。

(2) 检查胎面花纹中是否有石块等杂物,有则去除。

(3) 用手旋下轮胎气门嘴的防尘帽。防尘帽用于阻止尘土、泥沙等杂物进入气门嘴。

(4) 用气门钥匙旋出气门芯,释放轮胎内的气体。轮胎放气时,气门芯不要旋出太快,应待轮胎气压下降后再逐渐旋出,气门芯要妥善保存,不要丢失。

(5) 待轮胎内的空气排放殆尽后,用卡钳取下安装在轮辋边缘的动平衡块。拆卸动平衡块时,应用专用卡钳,禁止使用螺丝刀等类似的工具,以免损伤轮胎或轮辋。

(6) 将车轮及轮胎的一侧贴在拆装机的靠胎胶皮上。

(7) 调整车轮与轮胎的位置,使风压铲置于轮胎圈和轮辋边缘之间。注意,调整时应错开轮胎气门嘴位置。

(8) 用一只手扶着手柄,使风压铲的位置保持不变,另一只手扶住轮胎,防止车轮滚动。

(9) 踩下风压铲控制踏板,风压铲开始挤压轮胎,直至轮胎圈离开轮辋边缘为止。然后调整风压铲挤压位置,再次挤压轮胎并使轮胎圈离开轮辋边缘。如此多次操作,使轮胎圈彻底脱离轮辋边缘。

(10) 翻转车轮和轮胎,将挤压侧贴在靠胎胶皮上,按照第(9)步的操作要求,将轮胎另一侧胎圈脱离轮辋边缘。

(11) 将轮胎平放到轮胎拆装机转盘上的夹钳上,此时应保持夹钳处于完全收缩或完全张开状态(视轮辋结构而定),便于将轮胎安装在夹钳上。

(12) 双手扶住轮胎,踩下夹钳控制踏板,夹钳张开,卡牢车轮,将车轮固定在夹钳上。

(13) 旋转调整手柄,使拆装机头对准轮辋边缘。调整手柄位于轮胎拆装机的横臂一侧,转动手柄旋入或旋出螺杆,从而改变横臂的角度,最终调整拆装机头的位置。

(14) 用手压下拆装机头,并将拆装机头套在轮辋边缘上。将拆装机头套装到轮辋边缘上时,应保证轮辋边缘的外沿与拆装机头之间预留 2 mm 的间隙,防止车轮转动时损伤轮辋。

(15) 一手下压拆装机头,一手扳动锁紧杆,锁止拆装机头,然后旋入调整手柄,固定横臂。

(16) 使用毛刷在轮胎圈上均匀涂抹一层浓肥皂液润滑轮胎圈。在轮胎边缘涂上润滑液,可减轻拆装机头与轮胎胎圈之间的摩擦,避免损伤轮胎。

(17) 将撬杠带有挂钩的一端插入轮胎胎圈和轮辋之间,下压撬杠撬起轮胎,并使轮胎胎圈接于拆装机头上。在插入撬杠时应均匀用力,否则容易损伤轮胎。

(18) 踩下转盘控制踏板,使车轮转动约 60°,取下撬杠。

(19) 取出撬杠后,双手扶住轮胎,继续踩下转盘控制踏板,转盘顺时针转动,拆装机头脱出轮胎的一侧胎圈。如果转盘旋转时,拆装机头与轮胎之间出现卡滞,应立即抬起转盘控制踏板,使转盘逆时针转动,解除卡滞状态。

(20) 当轮胎一侧完全脱出后,上抬轮胎,使轮胎下胎圈上移。

(21) 重复(16)~(19)步。

(22) 扳动锁止杆,放松拆装机头,然后将横臂推离车轮上方。

(23) 取下轮胎,至此,轮胎拆卸完毕。

拆卸完轮胎之后,我们来学习一下安装轮胎,将轮胎安放到车轮上,下压轮胎一端,使轮胎胎圈套在轮辋边缘上,开始安装轮胎。安装轮胎需要遵循以下步骤。

(1) 压下拆装机头,并扳动锁止杆锁止拆装机头,使轮辋边缘与机头紧密贴合。

(2) 双手扶住并下压轮胎,然后踩下转盘控制踏板,转盘顺时针转动,轮胎下胎圈被压入轮辋中。

(3) 倾斜轮胎,并将轮胎上侧部分胎圈压入轮辋边缘内。

(4) 双手扶住并下压轮胎,然后踩下转盘控制踏板,转盘顺时针旋转,使车轮转动约 60°。

(5) 左手手掌按下轮胎边缘,继续踩下转盘控制踏板,直至轮胎上侧部分胎圈压入轮辋边缘内。

(6) 扳动锁止杆,放松拆装机头,推开横臂。

(7) 使用钥匙旋入气门芯,此时气门芯不必旋紧,便于进行轮胎充气。

(8) 使用轮胎气压装置,向轮胎内充入压缩空气。轮胎充气时,应分两次使轮胎气压达到规定值。当轮胎气压值接近规定值一半时停止充气,使用橡胶锤周向敲击轮胎的胎侧,使轮胎复位。这样做的目的是防止意外情况发生,造成人身伤害。

(9) 轮胎充气完毕,使用钥匙旋紧气门芯,然后在气门嘴上滴上水滴,观察是否有气泡出现。如果有气泡出现证明气门嘴漏气,修复后车轮与轮胎方可投入使用,然后旋上气门嘴防尘帽。

(10) 踩下夹钳控制踏板,收缩夹钳,放松轮胎。

(11) 从转盘上取下轮胎与车轮,至此轮胎拆装完毕,做好车轮动平衡后,即可安装在车辆上使用了。

扒胎机在使用过程中需要注意以下事项。

(1) 操作规程的遵守。评估操作人员是否按照规定的规程进行操作,是否存在违规行为。这涉及操作人员是否了解并遵守正确的操作流程以及是否能避免因操作不当导致的安全风险。

(2) 个人保护。检查操作人员是否穿戴了相关的防护设备,如手套、安全鞋等。这是确保操作人员在操作过程中能够最大限度地保护自己,减少受伤的风险。

(3) 仪器设备的正常使用。评估仪器设备是否完好,能否正常使用。这关系到设备的维护保养情况以及操作人员是否能正确使用设备,避免因操作不当造成的设备损坏。

(4) 操作工具的正确使用。检查操作人员是否使用了正确的工具进行操作,是否存在使用异常工具的情况。正确的工具选择对于提高工作效率和保证工作质量至关重要。

(5) 安全操作规范的掌握。评估操作人员是否熟悉安全操作规范,是否能够正确判断突发情况并做出适当处理。这涉及操作人员的应急处理能力和对安全规定的理解程度。

(6) 动作的协调性。评价操作人员的动作是否协调,是否能掌握正确的操作流程。协调的动作有助于提高工作效率,减少工作中的错误。

(7) 操作的高效性。评估操作人员是否能高效完成拆装任务,操作时间是否合理。高效的拆装不仅能缩短工作时间,还能减少对设备的磨损,延长使用寿命。

(8) 应急措施的掌握。检查操作人员是否了解应急措施,如突然停电、设备故障等。这关系到在突发情况下,操作人员能否迅速应对,减少损失。

(9) 现场环境整洁。评估操作人员是否注意环境整洁,如杂物是否清理干净,地面是否干净平整。一个整洁的工作环境有助于提高工作效率和减少安全隐患。

(10) 交接班制度的执行。检查操作人员是否认真执行交接班制度,是否将操作情况交代清楚。这有助于保证工作的连续性和安全性。操作人员应填写扒胎机操作记录表,如表4-1所示。

表 4-1 扒胎机操作记录表

操作项目		记录内容	人员签字	备注
扒胎项目	对轮胎进行放气处理			
	清除车轮上的杂物和平衡块			
	利用分离铲使轮胎松动			

续表

操作项目		记录内容	人员签字	备注
扒胎项目	将轮辋固定在工作盘上			
	在轮辋边缘涂少许润滑剂			
	按下升降杆,使拆装器接触轮辋边缘			
	用杠杆撬起轮胎外缘			
	将轮胎下边缘也拆下			
	将轮胎下缘部分套装在轮辋上			
	用手按住轮胎使轮胎下缘安装在轮辋上			
	把轮胎上缘也装到轮辋上			

通过上述规定,我们可以对扒胎机的操作人员进行全面的评估,确保其技能、安全和效率达到标准要求。

在扒胎项目中,其评价主要依据以下几个方面进行。

(1) 对轮胎进行放气处理,要求放气干净。
(2) 清除车轮上的杂物和平衡块,要求清洁干净。
(3) 利用分离铲使轮胎松动,要求位置和方法正确。
(4) 将轮辋固定在工作盘上,要求固定紧固。
(5) 在轮辋边缘涂少许润滑剂,要求位置正确。
(6) 按下升降杆,使拆装器接触轮辋边缘,要求位置正确。
(7) 用杠杆撬起轮胎外缘,要求位置正确。
(8) 将轮胎下边缘也拆下,要求一次分离。
(9) 将轮胎下边缘部分套装在轮辋上,要求位置正确。
(10) 用手按住轮胎使轮胎下缘安装在轮辋上,要求安装熟练。
(11) 把轮胎上边缘也装到轮辋上,要求安装熟练。

这个标准旨在评估操作人员在进行扒胎操作时的技术熟练程度、操作规范性和效率,确保轮胎拆装工作的质量和安全。

8. 车轮动平衡

1) 车轮动平衡概述

车轮动平衡(图 4-4)是指在车轮高速旋转时,通过检测和校正其不平衡状态,以确保车辆行驶的稳定性和安全性。车轮动平衡技术在现代工业生产中具有重要地位,随着汽车行驶速度的不断提高,车轮动平衡的重要性也在不断提高。

车轮动平衡的基本原理是利用动平衡机对车轮进行检测和校正。当车轮高速旋转时,由于制造上的不可避免因素,车轮各部分的质量分布可能不均匀,导致离心力出现差异,从

图 4-4 车轮动平衡

而产生不平衡现象。这种现象会导致车轮摆动、转向盘振动等问题,影响车辆的操纵性能和轮胎的寿命。

为了消除或减少这些不平衡现象,需要对车轮进行动平衡检测和校正。其具体步骤如下:①使用动平衡机对车轮进行检测,确定其不平衡量;②在车轮的边缘贴上平衡块(铅块),使车轮各部分的质量分布更均匀,达到动态平衡状态。

动平衡检测的方法多种多样,如基于 FFT 的数字信号处理方法,该方法通过将时域离散振动信号转化到频域进行分析处理,可以更准确地测定车轮的动平衡转速和不平衡量。此外,还有传统的称量系统方法,该方法通过称量平衡的状态来测量车轮的不平衡量,并将其传递至电子控制器进行精确控制。

定期进行车轮动平衡检测和校正是非常有必要的。即使汽车出厂时已经进行了动平衡处理,在车辆使用过程中,由于各种因素的影响,车轮的平衡性可能会发生变化。因此,应定期到专业的维修店进行动平衡检测和校正,以确保车辆的安全性和舒适性。

总之,车轮动平衡技术不仅提高了车辆的行驶安全性,还延长了轮胎的使用寿命,减少了维护成本。通过科学的检测和校正方法,可以有效避免因动不平衡引起的车辆摆动、转向盘振动等问题,从而提升驾驶体验和行车安全性。

2)车轮不平衡的危害

车轮不平衡会造成车轮的跳动和偏摆,使汽车的有关零件受到损坏,缩短汽车的使用寿命。对于高速行驶的汽车,车轮不平衡还容易影响行驶的安全。

3)车轮不平衡的原因

车轮不平衡的原因是其质量分布不均匀,如轮胎产品质量欠佳,存在翻新胎、补胎、胎面磨损不均匀及在外胎与内胎之间垫带等问题。轮辋、制动鼓变形,轮毂与轮辋加工质量不佳(如中心不准、轮胎螺栓孔分布不均、螺栓质量不佳等),也会导致车轮不平衡。新车上安装的车轮与轮胎都经过了平衡检测,随着车辆的行驶,轮胎逐渐出现磨损,或在维护修理中车胎进行了拆装或更换,使车轮失去原有的平衡。车轮的平衡有两种情况,即静平衡和动平衡。

(1) 静平衡。静平衡指质量围绕车轮轴线均匀分配,即车轮的质量中心位于其旋转轴线上。如果车轮的质量中心偏离了旋转中心,则称为静不平衡,也称角振动。

(2) 动平衡。动平衡指车轮在运动中处于平衡状态,即车轮的所有质量在旋转过程中产生的离心力是平衡的。动不平衡的车轮会引起车轮摆动和磨损。不平衡质量所产生的力偶会导致车轮出现动不平衡。

4) 车轮动平衡试验

车轮动平衡试验包括离车式车轮动平衡试验和就车式车轮动平衡试验,本书主要介绍离车式车轮动平衡试验。

(1) 离车式车轮动平衡试验。

离车式车轮动平衡试验所用设备如图4-5所示。

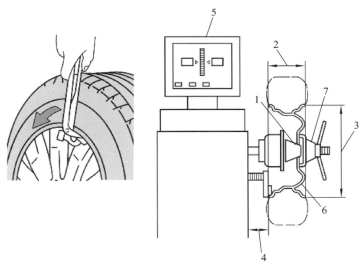

1—车轮中心;2—轮辋宽度;3—轮辋直径;4—距离;5—动平衡机;6—车轮;7—适配器

图 4-5 离车式车轮动平衡试验所用设备

(2) 试验中车轮动平衡机的使用方法。

① 对被测车轮进行清洗,去掉泥土、砂石,拆掉旧平衡块。

② 检查轮胎气压,并充气至规定气压值。

③ 根据轮辋中心孔的大小选择锥体,将车轮安装于平衡机上。

④ 打开电源开关,检查指示装置是否指示正确。

⑤ 将被检车轮的轮辋直径、宽度,轮辋边缘到机箱之间的距离等参数输入平衡机。

⑥ 放下防护罩,按下启动键,开始测量。

⑦ 当车轮自动停转后,从指示装置读出车轮内外侧动不平衡量和位置。

⑧ 抬起车轮防护罩,用手慢慢旋转车轮,当动平衡机指示装置发出信号时,停止转动车轮。

⑨ 根据动平衡机显示的动不平衡量和方向,在轮辋内侧或外侧的上部(时钟十二点位置)的边缘加装平衡块(图4-6),并使平衡块装卡牢固。平衡块应当与被检车轮的轮辋结构相适应。

图 4-6　加装平衡块

⑩重新启动动平衡机,进行动平衡试验,直至动不平衡量小于 5 g·mm,机器显示"00"或"OK"时为止。

⑪取下车轮,关闭电源,测试结束。

(3) 车轮动平衡机的动平衡配重类型。

车轮动平衡机的动平衡配重的类型如图 4-7 所示。

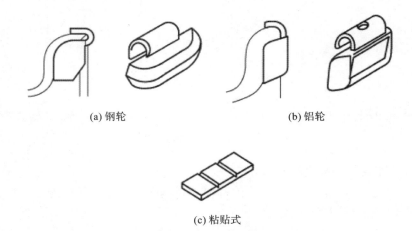

(a) 钢轮　　　　　(b) 铝轮

(c) 粘贴式

图 4-7　动平衡配重类型

(4) 车轮动平衡机的维护保养。

动平衡机的维护保养主要包括以下几个方面。

①定期检查机械部件,包括旋转轴、轴承、传动系统等。定期检查这些部件的磨损和损坏情况,确保它们在运行时能够保持高效和可靠。必要时,更换发生磨损的部件,以防止机械故障导致的不平衡。

②润滑系统维护。良好的润滑对于保持动平衡机的高效运行至关重要。定期检查润滑系统,确保润滑油的质量和润滑部件的充油情况。及时更换润滑油,清理润滑系统中的污垢,防止摩擦和磨损。

③电气系统检查。动平衡机通常包含电气系统,包括传感器、电机和控制面板。定期检查这些电气部件的连接以及电缆、传感器的灵敏度等,确保电气系统正常工作。及时修复电气故障,防止平衡测试和调整时出现误差。

④校准和调整传感器。动平衡机的精确性与传感器的准确性直接相关。定期校准传感器,确保其精确度和敏感度。调整传感器的位置和参数,以适应不同类型的工件和平衡需求。

⑤安全系统维护。动平衡机通常配备有安全系统,包括急停按钮、防护罩等。定期检查和测试安全系统的功能,确保在紧急情况下能够迅速切断电源,保障操作人员的安全。

⑥定期清理和保养。定期清理动平衡机的外部和内部,防止灰尘、油脂、杂物等积聚影响运行。对于飞轮和旋转部件,及时清理表面的积聚物,以确保平衡测试的准确性。

⑦培训和操作规程更新。确保操作人员受过专业培训,了解动平衡机的正确操作方法和维护程序。定期更新操作规程,提供最新的维护指导和安全操作信息。

上述维护和保养措施可以有效延长动平衡机的使用寿命,提高平衡工程的效率和准确性。合理的维护措施不仅有助于降低故障率,还能提高设备的可靠性,为各种平衡需求提供持久而稳定的解决方案。动平衡检测方案的实施过程依照表4-2进行评价。

表4-2 动平衡检测方案实施过程评价标准

序号	项目	操作内容	配分	扣分	扣分说明
1	安全检查	设备安全检查	5		
		工具安全检查	5		
2	准备工作	检查设备零部件完好度	5		
3	操作步骤	对被测车轮进行清洗,去掉泥土、砂石,拆掉旧平衡块	5		
		检查轮胎气压,并充气至规定气压值	5		
		根据轮辋中心孔的大小选择锥体,将车轮安装于平衡机上	5		
		打开电源开关,检查指示装置是否指示正确	5		
		将被检车轮的轮辋直径、宽度,轮辋边缘到机箱之间的距离等参数输入平衡机	10		
		放下防护罩,按下启动键,开始测量	5		
		当车轮自动停转后,从指示装置读出车轮内、外侧动不平衡量和位置	10		
		抬起车轮防护罩,用手慢慢旋转车轮,当动平衡机指示装置发出信号时,停止转动车轮	5		
		根据动平衡机显示的动不平衡量和方向,在轮辋内侧或外侧的上部(时钟十二点位置)的边缘加装平衡块,并使平衡块装卡牢固。平衡块应当与被检车轮的轮辋结构相适应	10		
		重新启动动平衡机,进行动平衡试验,直至动不平衡量小于5 g·mm,机器显示"00"或"OK"时为止	10		
		取下车轮,关闭电源,测试结束	5		

续表

序号	项目	操作内容	配分	扣分	扣分说明
4	结果确认	结果确认、数据记录	5		
5	现场恢复	工具、设备、现场恢复整理，安全确认	5		
		合计	100		

9. 轮胎换位

轮胎换位，也称为车轮换位或轮胎轮换，是一种维护汽车轮胎的常用方法，旨在延长轮胎的使用寿命并保持车辆的平衡性能。

1）轮胎换位的作用

（1）延长轮胎使用寿命。由于前轮在驾驶过程中承受更大的压力和摩擦，因此容易出现不均匀磨损。轮胎换位可以使得前后轮胎的磨损更加均衡，从而延长轮胎的使用寿命。

（2）提高行车安全性。均匀的轮胎磨损有助于保持车辆的操控性能和稳定性，避免因局部过度磨损导致的行驶安全隐患。

（3）提升舒适性。轮胎磨损不均会导致车辆行驶时的抖动和噪声增加，轮胎换位可以有效减少这些现象，提升驾驶体验。

2）轮胎换位的基本方式

（1）前后轮胎交换。这是最常见的换位方式，即将前轮和后轮的轮胎进行对调。这种方式适用于大多数车型，并且简单易行。

（2）不对称斜交轮胎换位。对于一些特定类型的斜交轮胎，需要将同一车轴上的轮胎进行对换，以确保左右侧面的磨损均匀。

（3）子午线轮胎换位。子午线轮胎有固定的旋转方向，因此在换位时应保持相同的旋转方向，不能随意换位。

3）换位频率和原则

（1）一般建议。根据不同的车型和使用条件，轮胎换位的频率通常为每行驶 8000 至 10000 km 一次。如果发现轮胎磨损不均或存在其他问题，则可能需要提前进行换位。

（2）厂商建议。具体换位周期还应参考汽车制造商和轮胎制造商提供的建议。例如，某些车型可能要求在每行驶 6000 km 或每六个月进行一次换位。

4）注意事项

（1）检查气压。在进行轮胎换位之前，必须确保所有轮胎的气压符合标准要求。如果气压不符合规定，可能会导致新的磨损模式和潜在的安全隐患。

（2）动平衡校准。在完成轮胎换位后，需要进行动平衡测试，以确保轮胎在旋转时能够保持平衡状态，避免因不平衡引起的振动和噪声。

（3）四轮定位。在某些情况下，如车辆出现跑偏、发飘等问题时，除了换位外还需要进行四轮定位，以确保车辆的操控性能。

（4）安全第一。在进行车轮换位时，确保车辆稳定，使用适当的支撑设备，如千斤顶和支架。

（5）使用正确的工具。使用制造商推荐的工具，如扭矩扳手，以确保螺钉紧固的准确性。

(6) 交叉模式紧固螺钉。按照交叉模式紧固螺钉,以确保轮胎均匀受力,防止轮胎脱落。

(7) 定期换位。根据制造商的推荐,定期进行轮胎换位,通常是每行驶 5000 至 10000 km 一次。

(8) 检查轮胎状况。在换位前检查轮胎的气压、磨损情况和潜在的损伤。

(9) 考虑轮胎定位。在换位后,可能需要进行轮胎定位检查,以确保车辆的行驶平衡。

通过遵循这些步骤和注意事项,可以有效地进行轮胎换位,延长轮胎的使用寿命,保持车辆的良好行驶性能。

5)轮胎换位流程

(1) 车辆停放于举升机工位,安装车轮挡块,用扭力扳手预松轮胎螺钉(按对角交叉的顺序)。

(2) 安装举升臂,举升车辆至轮胎中心与胸口平齐的位置,锁止举升机。

(3) 取出风炮扳手,安装套筒,检查气管连接以及风炮旋向,安装套筒后应防止套筒高速飞出。

(4) 依次对角松动轮胎螺栓,分两次松动。

(5) 螺栓松动后,手动取出,另一人扶住轮胎,防止轮胎掉落。

(6) 检查轮胎气压、气门芯是否漏气、轮辋是否变形或损坏、轮胎沟槽深度、轮胎表面是否有异常磨损或是否有异物嵌入。

(7) 换位后安装轮胎,在举升机上用风炮扳手拧紧螺钉后将轮胎重新装回,并拧紧。

定期进行轮胎换位是确保汽车安全、延长轮胎寿命的重要措施。车主应根据车辆的具体情况和厂商的建议,合理安排换位时间和方式,以达到最佳的保养效果。

学习任务二　新能源汽车悬架拆装检修

新能源汽车悬架作为车辆的关键组成部分,其设计和功能的优化对于提升新能源汽车的整体性能至关重要。以下是新能源汽车悬架的几个关键优化方向。

(1) 轻量化设计。新能源汽车悬架应采用先进的轻量化材料,如铝合金或碳纤维,以减少悬架的重量,从而提高车辆的能效和动态性能。新能源汽车悬架应优化悬架结构的几何形状,减少不必要的材料用量,同时保证结构强度和刚度。

(2) 集成设计。新能源汽车悬架应将悬架与电池包和其他车辆组件进行集成设计,以减少空间占用,提高车辆内部空间利用率。通过模块化设计,简化悬架的装配和维护流程,降低生产和维修成本。

(3) 低重心布局。新能源汽车悬架应有空间支持电池包的安装,确保车辆的低重心布局,提高车辆的稳定性和操控性能。通过调整悬架的刚度和阻尼特性,优化车辆在不同路况下的行驶表现。

(4) 适应性调节。新能源汽车悬架应配备电子控制系统,根据路况和驾驶模式自动调整悬架的刚度和阻尼,以适应不同的驾驶场景。新能源汽车悬架应提供手动调节功能,允许驾驶员根据个人偏好或特定需求调整悬架设置。

(5) 降噪设计。新能源汽车应优化悬架的空气动力学特性,减少风阻和湍流,降低行驶中的噪声水平。采用隔声材料和减振元件,减少悬架传递到车内的振动和噪声。

(6)智能化控制。新能源汽车悬架应结合先进的传感器和算法,实现对悬架性能的实时监控和预测,提前调整悬架设置以适应即将到来的路况变化。通过与车辆的其他智能系统(如自动驾驶系统)的整合,实现更高级的车辆动态控制。

(7)环保材料的应用。在新能源汽车悬架的制造过程中,尽量使用可回收材料和环保生产工艺,减少对环境的影响。开发生物降解材料作为悬架的一部分,以实现更高程度的可持续性。

(8)兼容性考虑。确保新能源汽车悬架能够与新能源汽车的其他系统(如电池管理系统、车辆稳定控制系统等)无缝集成,保证车辆的整体性能和可靠性。

(9)新型悬架。随着新能源汽车市场的不断扩大和技术的不断进步,新能源汽车悬架将朝着更轻、更强、更智能、更环保的方向发展。未来的新能源汽车悬架可能会集成更多的先进技术,如主动悬挂和自适应悬架,以提供更卓越的驾驶体验和更高的安全性。

通过上述优化措施,新能源汽车悬架将能够更好地满足新能源汽车的特殊需求,提高车辆的性能、舒适性和环保性,为新能源汽车的普及和发展提供有力支持。随着技术的不断创新和突破,我们有理由相信,未来的新能源汽车悬架将会更加出色,为驾驶者带来前所未有的驾驶体验。

1. 悬架概述

悬架是连接车架(或承载式车身)与车桥(或车轮)之间的重要传力装置,其主要功能是传递作用在车轮和车架之间的力和力矩,并缓冲由不平路面传给车架或车身的冲击力,从而确保汽车的平稳行驶和乘坐舒适性。

悬架在汽车中扮演着至关重要的角色,其主要作用可以归纳为以下几个方面。

(1)传递力和力矩。悬架将车轮与车身之间的一切力和力矩(如支撑力、制动力和驱动力)传递给车架或承载式车身。这包括垂直反力、纵向反力(牵引力和制动力)以及侧向反力等。

(2)缓冲冲击和振动。当车辆通过不平路面时,悬架能够吸收和缓解来自路面的冲击和振动,减少这些冲击对车身的影响,从而确保汽车的平稳行驶。这种功能不仅提高了乘客的舒适性,还保护了货物和车辆本身。

(3)保持车轮与地面的良好接触。悬架通过保持车轮在路面上的良好接触,确保驱动轮和非驱动轮都能有效地传递动力,提高汽车的操控稳定性和行驶安全性。

(4)支撑车辆重量。悬架还负责支撑车辆的重量,使车身能够承受来自地面的各种反力和负载。

(5)改善转弯稳定性。悬架通过减小车身在高低不平道路上受到的冲击和振动,有效地控制轮胎的非正常振动,从而增强转弯时的稳定性。

(6)提高乘坐舒适性。通过减振和缓冲功能,悬架显著提升了乘坐的舒适性,使乘客免受道路振动和冲击的影响。

悬架一般由弹性元件、减振器以及导向机构等组成。弹性元件包括螺旋弹簧、钢板弹簧、空气弹簧等,它们可以承受垂直载荷并将其转化为弹性势能,以减轻颠簸路面带来的冲击。减振器则用于减少振动,保证汽车的稳定性和舒适性。此外,导向机构如控制臂等,用于维持车轮的正确位置和方向。

2. 悬架分类

悬架是车辆的关键组成部分之一,它连接车轮与车身,并吸收路面的冲击,确保车辆的行驶稳定性和乘坐舒适性。根据结构和功能的不同,悬架主要分为以下几种类型。

1)独立悬架

独立悬架允许每个车轮独立于其他车轮上下移动,从而提供更好的操控性能和乘坐舒适性。其优点是质量轻,能够减少车身受到的冲击,并提高车轮的地面附着力;可用刚度小的较软弹簧,改善汽车的舒适性;可以使发动机位置降低。

独立悬架的常见类型包括麦弗逊式、横臂式、多连杆式等。

(1)麦弗逊式悬架。麦弗逊式悬架是车轮沿着主销滑动的悬架,但与烛式悬架不完全相同,主销可以摆动,麦弗逊式悬架是摆臂式与烛式悬架的结合。

(2)横臂式悬架。横臂式悬架是指车轮在汽车横向平面内摆动的独立悬架,按横臂数量的多少又分为双横臂式悬架和单横臂式悬架。

(3)多连杆式悬架。多连杆式悬架是由3~5根杆件组合起来控制车轮的位置变化的悬架,能使车轮绕着与汽车纵轴线成一定角度的轴线内摆动,是横臂式悬架和纵臂式悬架的折中方案。

2)非独立悬架

非独立悬架的两个车轮通过一个共同的轴或横梁相连,当一个车轮上下移动时,另一个车轮也会受到影响。这种悬架结构相对简单,成本较低,但舒适性和操控性能较差。典型的非独立悬架包括扭力梁式和刚性轴式。非独立悬架具有结构简单、成本低、强度高、保养容易、行车中前轮定位变化小的优点。

例如钢板弹簧式非独立悬架,钢板弹簧被用作非独立悬架的弹性元件,由于兼起导向机构的作用,使得悬架大为简化。这种悬架广泛用于货车的前、后悬架中。

3)主动悬架

主动悬架是近十几年发展起来、由电脑控制的一种新型悬架,它汇集了力学和电子学的技术知识,是一种比较复杂的高技术装置。主动悬架通过电子控制单元实时监测路况和车辆状态,自动调整悬架的刚度和阻尼力,以优化车辆的行驶性能和乘坐舒适性。这种悬架能够提供更高水平的驾驶体验。

4)半主动悬架

半主动悬架结合了被动悬架和主动悬架的特点,它通过改变悬架的阻尼力来适应不同的路况,但不像主动悬架那样能够主动调整悬架的刚度。半主动悬架通常比主动悬架更简单、更经济。

5)连续可变阻尼悬架

连续可变阻尼悬架能够在极短时间内连续调整阻尼力,提供最佳的舒适性和操控性。这种系统通常采用先进的液压技术或电磁技术。

6)空气悬架

空气悬架使用空气弹簧替代传统的金属弹簧,通过调节空气压力来改变悬架的高度和刚度。空气悬架能够提供非常高的舒适性,并且可以根据载重和路况自动调整悬架设置。

7)电子控制悬架

电子控制悬架通过电子传感器和控制单元来管理悬架的性能,包括阻尼力、刚度和车身高度。这种悬架可以提供个性化的驾驶设置,以适应不同驾驶者的偏好和不同的驾驶条件。

每种悬架都有其独特的优点和适用场景,汽车制造商会根据车辆的设计目标和预期用途来选择合适的悬架类型。

总之,汽车悬架作为连接车身与车轮的关键部件,不仅影响着汽车的行驶性能和乘坐舒适性,还直接关系到汽车的安全性和可靠性。因此,合理设计和选择合适的悬架对于提升汽车整体性能至关重要。

3. 悬架的拆装

1)前后悬架的拆装

(1)汽车前悬架结构。

汽车前悬架是指安装在前轮轮毂和车身连接部位的一组构件,通常由减振器、弹簧、悬架臂和转向机构等组成。减振器起到缓冲和减振作用;弹簧则支撑车身重量;悬架臂和转向机构则负责连接前轮和车身,使得前轮能够自由转动并响应转向操作。

(2)汽车前悬架的作用。

汽车前悬架在行驶过程中承担着减振、支撑和转向等功能。减振器和弹簧协同工作,能够减少车身因行驶过程中路面颠簸而产生的振动,提高行车舒适性;悬架臂和转向机构则保证了车辆的稳定性和操控性,使车辆能够顺利转向并保持良好的悬架几何特性。

(3)汽车前悬架的维护保养。

定期检查和更换减振器和弹簧是保持前悬架良好工作状态的重要环节。此外,定期检查、紧固悬架臂和转向机构的螺栓、螺母,保证其连接状态良好也是关键。此外,定期检查悬架橡胶件和悬架臂的变形情况,发现问题及时更换,以避免出现安全隐患。定期的前悬架维护保养可以有效延长前悬架的使用寿命,保障行车安全,提升行车舒适性和操控性。

(4)详细的拆装步骤。

①前悬架的拆装步骤。

a. 拆卸车轮装饰罩。首先需要将车轮上的装饰罩取下。

b. 拆卸轮毂与传动轴的紧固螺母。在车轮着地的情况下,拆下轮毂和传动轴的紧固螺母,并拆下车轮。

c. 拆卸制动系统。拆下制动钳和制动盘。取下制动软管支架,并用铁丝将制动钳总成固定在车身上,注意不要损坏其他部件。

d. 拆卸悬架组件。拆卸上下悬架支架的连接螺栓,使用扳手顺时针拧下螺栓。将悬架组件从车身上拆卸下来时需要轻拿轻放,注意不要损坏其他部件。

②后悬架的拆装步骤。

a. 拆卸减振器支柱壳和轮毂之间的紧固螺栓。拆卸稳定杆、传动轴上的螺母和轮毂。

b. 拆卸横拉杆接头。用拉具将横拉杆接头从减振器支柱壳中压出。

c. 拆卸其他相关部件,包括 ABS 传感器、后刹车鼓钳的安装垫圈等。

③更换或维修后悬架组件。

根据需要,选择更换或维修后悬架组件。为确保安装正确,可对新的悬架组件进行适当的调整和调优。

(5)注意事项。

①在整个拆装过程中,应注意不要损坏其他部件,特别是制动系统和悬架组件。

②使用专用工具和正确的方法来拆卸和安装各个部件,以避免对车辆造成不必要的

损伤。

③对于不同的车型和悬架类型(如独立悬架和非独立悬架),可能需要不同的拆装方法和工具。

通过以上步骤,可以有效地完成汽车悬架的拆装工作,确保车辆的正常运行和驾驶安全。

2) 麦弗逊式悬架的拆装

(1) 拆卸麦弗逊式悬架。

麦弗逊式悬架的拆装过程较为复杂,需要按照一定的步骤进行。以下是详细的拆装步骤。

①取下车轮装饰罩。首先需要取下车辆前轮的装饰罩。

②松开轮毂与传动轴的紧固螺母。使用适当的工具(如17 mm开口扳手)旋下轮毂与传动轴的紧固螺母,拧紧力矩为230 N·m。

③卸下垫圈并松开车轮紧固螺母。卸下垫圈后,再旋松车轮紧固螺母,拧紧力矩为110 N·m,然后拆下车轮。

④拆下制动钳和制动盘。旋下制动钳紧固螺栓(拧紧力矩为70 N·m),取下制动钳和制动盘。

⑤压缩螺旋弹簧。使用卷型弹簧压缩器压紧螺旋弹簧,以便于后续操作。

⑥拆解转向节和减振器。用17 mm开口扳手松开悬架与转向节的两个螺栓,然后用24 mm开口扳手松开减振器与车身连接的螺栓。

⑦拆卸其他相关部件,包括拆解减振器顶端连接板螺母、转向拉杆球销螺母、下摆臂球销螺母等。

(2) 安装麦弗逊式悬架。

①安装车轮和装饰罩。按照拆卸的逆序重新安装车轮,并拧紧相应的螺母。

②安装制动系统。将制动钳和制动盘重新安装到位,并拧紧制动钳紧固螺栓。

③调整螺旋弹簧。释放螺旋弹簧,确保其处于正常位置。

④安装转向节和减振器。将转向节和减振器安装到相应的位置,并拧紧相应的螺栓。

⑤检查并更换不合格零部件。在安装过程中,如果发现零部件有损坏或不符合标准的情况,应立即进行更换。

通过以上步骤,可以完成麦弗逊式悬架的拆装工作。需要注意的是,在整个过程中,要特别注意各个部件的拧紧力矩和安装顺序,以确保悬架的正常工作和车辆的安全性。

3) 双横臂式悬架的拆装

(1) 拆卸双横臂式悬架。

双横臂式悬架的拆装过程较为复杂,需要按照一定的顺序和步骤进行。以下是详细的拆装步骤。

①准备工作。

a. 将车辆停放在安全的维修区域,并确保举升器工作正常。

b. 准备常用工具套件、车辆挡块、翼子板布等工具。

②拆卸前轮。

a. 拆下两边的前轮,注意使用三角垫垫住后轮以防止车辆滑动。

b. 拆卸减振器的上、下固定螺母。

③拆卸转向系统。

a. 用拉具将横拉杆接头从减振器的支柱壳中压出。

b. 拆卸驱动轴和轮毂上的稳定杆和螺母，压下前悬架的摆臂，并从车轮轴承中拉出驱动轴。

④拆卸下悬架臂。

a. 首先抬起并支撑车辆，然后移除下悬架臂螺母和螺栓，从框架导轨支架中取出下悬架臂。

b. 如果拔不出来，可以用压力装置将悬架臂压出来。

⑤拆卸上悬架臂。

同样需要先抬起并支撑车辆，然后移除上悬架臂螺母和螺栓。

⑥拆卸其他相关部件。

a. 拆卸制动钳，取下制动盘；取下制动软管支架，用铁丝将制动钳总成固定在车身上。

b. 拆卸转向横拉杆和减振器。

(2) 安装双横臂式悬架。

①安装前轮。将前轮重新安装到车辆上，并确保轮胎正确对齐。

②安装下悬架臂。将下悬架臂放置在轴架和导轨支架中，拧紧后轮螺母和螺栓，拧紧凸轮螺栓和新螺母，并对齐参考标记。

③安装上悬架臂。按照拆卸的相反顺序进行操作，先将新螺栓从车辆后部插入悬架组件和后置1号悬架臂组件中，再将球头螺母拧入轴承并紧固。

④安装转向系统。重新安装转向横拉杆和减振器。确保所有连接件都已正确安装并紧固。

⑤安装其他相关部件。安装制动钳，重新安装制动盘和制动软管支架，并确保制动系统正常工作。

⑥检查和调整。检查所有螺栓和螺母是否已正确拧紧，并进行必要的调整以确保悬架的正常运行。

通过以上步骤，可以完成双横臂式悬架的拆装工作。需要注意的是，在整个过程中，必须严格按照规定的顺序和步骤进行操作，以确保悬架的正确安装和车辆的安全行驶。

4. 常见故障及处理方法

1) 弹性元件问题

弹簧弹力减弱时应予以更换。稳定杆弹力下降、损坏或稳定杆连接杆磨损时，应更换相应零件。

2) 减振器问题

减振器损坏应予以更换。检查减振器是否有油泄漏或凹痕，如有必要，请更换减振器。减振器是汽车使用过程中的易损配件，它的工作性能直接影响汽车行驶的平稳性和其他机件的寿命。减振器在实际使用中可能会出现发出响声的故障，这主要是减振器与钢板弹簧、车架或轴碰撞，胶垫损坏或脱落，减振器防尘筒变形，油液不足等原因引起的。

减振器的常见故障现象包括：①汽车在行驶过程中异常颠簸；②当汽车缓慢行驶而紧急制动时，汽车振动比较剧烈。其故障原因可能是减振器工作不正常。检验减振器工作性能是否良好的检测方法为：用力按下保险杠，然后松开，如果汽车有2～3次跳跃，则说明减振器工作性能良好。另外，如果拆下减振器将其直立，并把下端连接环夹于台钳上，用力拉压减振杆数次,工作性能良好的减振器应有稳定的阻力,往上拉时的阻力应大于向下压时的阻力。

3)衬套和球头节问题

衬套及球头节磨损会导致车轮定位失准,易发生故障,应予以更换。

4)汽车悬架的检修工艺流程

汽车悬架的检修工艺流程包括拆下车轮装饰外罩、拆下制动钳、取下制动盘等步骤。在拆装过程中需要注意保护好制动软管和减振器支柱外壳的紧固螺栓。此外,还应该注意前悬架总成不能焊接和整形修理,自锁螺母必须更换新件,螺母或螺栓的紧固力矩应符合规定。

5. 维护与保养

汽车悬架检修不仅涉及对悬架各部件的检查和维护,还包括正确的拆装工艺流程和故障诊断方法。定期对汽车悬架进行检查和维护,可以确保汽车的行驶稳定性和安全性。

定期检查空气悬架部件、高度控制阀和轴。每次行驶前和每次服务后都应进行检查。应在每次行驶 1600 km 后进行以下检查:检查螺栓扭矩值、拧紧松动的螺栓并更换损坏或缺失的螺栓;检查所有螺母和螺栓是否松动或移动,并拧紧至正确的扭矩值。

通过以上步骤和注意事项,可以有效地对汽车悬架进行检修和维护,确保车辆的安全性和性能。

6. 空气悬架组成、原理与检修

1)概述

空气悬架,是一种利用空气压力来调节车辆高度和悬挂性能的先进悬挂技术。该系统主要由空气弹簧、空气压缩机、储气罐、控制单元、传感器和相关管路组成。

(1) 空气弹簧。

空气弹簧是空气悬架的核心组件,它替代了传统的钢制弹簧,通过充入和排放空气来改变其弹性特性。空气弹簧具有可调性高、舒适性好等优点,能够根据路面条件和驾驶需求自动调整车身高度和悬挂刚度。

(2) 空气压缩机。

空气压缩机是系统的动力来源,负责将空气压缩并输送到空气弹簧中。它通常由发动机驱动,通过内部的活塞运动将空气压缩至高压状态。

(3) 储气罐。

储气罐则用来储存压缩空气,以供空气悬架在需要时使用。在某些系统中,储气罐还具备冷却功能,可以降低压缩空气的温度,提高系统的工作效率。

(4) 控制单元。

控制单元是空气悬架的大脑,它接收来自车辆各个部位的传感器信号,如车速、负载、道路状况等,并根据这些信息计算出最合适的空气悬架设置。控制单元会自动调整空气弹簧的充气量,从而改变车身高度和悬挂特性。

(5) 传感器。

传感器是系统的感知器官,它们分布在车辆的关键部位,实时监测车辆的状态和环境变化。常见的传感器包括高度传感器、加速度传感器、压力传感器等。

（6）相关管路。

相关管路连接系统的各个组件，确保空气能够顺畅地流动。管路材料需要具有足够的强度和耐压性，以承受高压空气的传输。

空气悬架基于气压调节。当车辆行驶在不同路况时，控制单元会根据传感器的反馈信息自动调整空气弹簧的充放气量。例如，当车辆驶入颠簸路段时，控制单元会增加空气弹簧的充气量，使车身升高，从而减少车轮与路面的冲击；而在高速公路上行驶时，控制单元则会减小充气量，使车身降低，以提高车辆的稳定性和行驶舒适性。

此外，许多空气悬架还配备有手动控制开关，允许驾驶员根据个人喜好或特定需求手动调节车身高度。这在装卸重物或通过限高杆时尤为实用。

2）优缺点

空气悬架的优势在于其出色的舒适性和适应性。由于空气弹簧可以根据路况动态调整车身高度，因此乘坐体验更加平顺，同时也能有效减少车辆在行驶过程中的振动和噪声。此外，空气悬架还能改善车辆的操控性能，尤其是在高速行驶和转弯时，能够提供更好的稳定性和抓地力。

然而，空气悬架也存在一些缺点。首先，空气悬架较为复杂，一旦出现故障，维修成本相对较高。其次，空气悬架对空气泄漏较为敏感，一旦出现泄漏，可能会导致车身高度下降，影响车辆的行驶性能。最后，空气悬架的重量也比传统悬架重，这可能会对车辆的燃油经济性产生一定影响。

尽管如此，随着技术的不断进步和成本的降低，空气悬架正逐渐被更多的汽车制造商采用，成为提升车辆舒适性和驾驶体验的重要手段。在未来，空气悬架有望实现更高级的智能化控制，进一步提升车辆的性能和用户体验。

3）空气悬架检修详解

（1）检修流程及方法。

①外观检查。对空气悬架的所有可见部件进行细致检查，包括检查是否有裂纹、腐蚀、磨损或变形。重点关注连接部位、支架和管路，这些部位由于承受较大的机械应力，容易出现故障。

②泄漏检测。使用专业的泄漏检测设备，如紫外线检漏仪，对系统进行全面的泄漏测试。在暗处喷洒紫外线检漏剂，然后用黑光灯照射，泄漏处会呈现出明显的荧光。对疑似泄漏点进行局部压力测试，使用气压计测量空气弹簧的工作压力，与规定值进行比较，以判断是否存在泄漏。

③功能测试。在安全的测试环境中，对空气悬架的所有功能进行测试，包括升降功能、阻尼调节和自动水平调整。记录每个测试点的性能数据，如升降速度、稳定性和响应时间，并与制造商的规格进行对比分析。

④组件检查。对空气悬架的关键组件进行详细检查，包括空气弹簧、阀门、传感器和控制单元。对每个组件进行性能评估，如检查空气弹簧是否能够正常工作、阀门是否能够准确控制空气流量、传感器是否能够准确测量数据。

⑤电气系统检查。对空气悬架的电气连接件和线路进行全面检查，确保没有断线、短路或腐蚀现象。检查所有电气元件的工作状态，包括继电器、开关、连接器和控制模块，确保它们能够正常工作。

⑥软件诊断。使用专用的诊断工具对控制系统的软件进行更新和故障诊断。检查系统

软件版本,确保其与最新的制造商标准一致,并修复任何发现的软件问题。

(2)检修注意事项。

①在进行检修前,确保车辆处于稳定状态,避免因车辆移动导致的意外伤害。

②对于高压部件,如储气罐,应采取额外的安全措施,确保操作人员的安全。

③在检修过程中,应遵循制造商提供的技术文档和维护指南,以确保正确的操作和诊断。

④对于任何发现的问题,均应及时记录并报告,必要时应联系制造商的技术支持部门。

⑤在完成检修后,进行一次全面的系统功能测试,确保所有修复工作完成后,系统能够恢复到最佳工作状态。

⑥对于检修中发现的磨损或损坏部件,应及时更换,避免因部件老化导致的潜在故障。

⑦对于需要定期更换的部件,如空气滤清器、密封圈等,应按照制造商推荐的维护周期进行更换,以确保系统的长期可靠性。

⑧对于检修过程中发现的任何异常情况,均应进行深入分析,找出根本原因,并采取相应的预防措施,以防止类似问题再次发生。

⑨在检修工作完成后,应清理工作现场,确保所有工具和材料得到妥善处理,避免遗留在车辆中或工作区域,造成安全隐患。

⑩对于使用过的检漏剂、润滑油等化学品,应按照环保规定进行处置,避免对环境造成污染。

⑪在检修结束后,应对所有使用过的工具进行清洁和消毒,以确保下次使用时的卫生和安全。

⑫对于检修过程中产生的废弃物,如旧零件、损坏的管路等,应分类收集,并按照废品处理规定进行回收或处置。

⑬在完成所有检修工作后,应更新车辆的维修记录,详细记录更换的部件、执行的测试和发现的问题等信息。

⑭对于任何特殊情况或复杂问题,均应编写详细的维修报告,包括故障描述、诊断过程、解决方案和后续维护建议。

⑮对于检修中发现的潜在问题,应提出预防措施和改进建议,以帮助车主预防未来可能出现的故障。

⑯对于需要进一步跟踪的问题,应设定提醒日期,以便在必要时进行复查或维护。

⑰对于检修人员来说,持续的培训和教育是非常重要的。应定期参加由制造商或专业机构提供的培训课程,以了解最新的技术和维修方法。

⑱鼓励检修人员参与行业交流活动,分享经验和学习新知识,以提高自己的专业技能。

⑲对于新引进的技术和工具,应提供充分的培训,确保检修人员能够熟练地使用它们。

⑳应建立一个知识共享平台,让检修人员可以互相学习和讨论,共同解决工作中遇到的问题。

以上详细的检修流程和注意事项可以确保空气悬架得到全面的检查和维护,确保其正常运行,为车辆提供稳定的行驶性能和舒适的乘坐体验。同时,这也有助于延长空气悬架的使用寿命,降低维护成本,为车主提供长期的价值保障。

学习任务三　新能源汽车四轮定位

新能源汽车的四轮定位与传统燃油汽车的四轮定位在基本原理上相似，主要目的是确保车辆行驶稳定性、提高轮胎使用寿命、优化车辆操控性能，并降低燃油消耗，从而提升整体驾驶体验和经济效益。然而，由于新能源汽车的独特的动力系统和结构特点，其四轮定位也存在一些特殊考虑因素。新能源汽车四轮定位需考虑以下因素。

（1）电池重量分布。新能源汽车通常配备有较重的电池组，这可能会影响车辆的重心和重量分布。在进行四轮定位时，需要特别注意电池组对车辆动态平衡的影响。

（2）悬架的设计。新能源汽车的悬架可能会为了适应电池组的重量和车辆的整体设计而与传统汽车的悬架有所不同。这些差异可能会要求技术人员在四轮定位时采用不同的参数和调整方法。

（3）轮胎选择。新能源汽车对轮胎的选择可能会更加注重滚动阻力和耐磨性，以提高能效。四轮定位时需要确保所选轮胎与车辆的性能特点相匹配。

（4）驱动方式。对于纯电动汽车和插电式混合动力汽车，由于它们可能采用前轮驱动、后轮驱动或四轮驱动系统，四轮定位的参数可能需要根据驱动方式进行调整。

（5）制动系统的集成。许多新能源汽车采用再生制动系统，这要求这些车辆四轮定位时考虑制动系统的性能和与悬架的协同工作。

（6）车辆稳定性控制系统。新能源汽车通常配备有先进的车辆稳定性控制系统，如电子稳定程序（ESP）。四轮定位应确保这些系统能够有效地工作。

（7）维护和诊断。新能源汽车的电子控制系统较为复杂，四轮定位设备可能需要与车辆的诊断系统兼容，以便进行更精确的测量和调整。

在进行新能源汽车的四轮定位时，技术人员应具备相应的知识和技能，以确保定位过程既符合传统标准，又考虑到新能源汽车特有的技术要求。此外，随着新能源汽车技术的发展，四轮定位的方法和工具也可能会不断进步和更新。

1. 四轮定位的作用

当汽车行驶一定的里程后，各部位零件都有所磨损变形。特别是悬架结构，由于长时间受来自地面和零件的摩擦，加上在各种路况下行驶，甚至受到外力的撞击，很容易造成部件磨损变形，从而改变了零件原有的设计角度，降低了汽车性能。为了使零件恢复到标准角度，必须进行四轮定位。

四轮定位指通过专用四轮定位仪对车辆进行精确测量后，技术人员根据测量数据及原厂设计标准，对车辆的各种角度进行调整，对零部件进行更换、修复、整形，使车辆的技术指标达到原厂要求，从而保证汽车行驶的安全性、舒适性、稳定性和经济性。

2. 四轮定位优点

定期进行四轮定位对于确保汽车的行驶稳定性、安全性以及轮胎的使用寿命至关重要。以下是四轮定位的优点。

（1）提高行驶安全性。四轮定位可以调整车轮的角度和位置，确保车轮与地面保持良好的接触,增加抓地力,减少侧滑和漂移的风险。这对于在高速行驶、急转弯或紧急制动等情况下的车辆稳定性尤为重要。

(2) 延长轮胎使用寿命。不当的四轮定位会导致轮胎出现偏磨、波浪磨损或块状磨损等异常磨损模式,这些磨损模式不仅会降低轮胎的性能,还可能导致轮胎过早报废。定期四轮定位可以使轮胎磨损更加均匀,从而延长其使用寿命。

(3) 维护车辆操控性。正确的四轮定位有助于车辆更敏捷地响应驾驶员的操控指令,如转向、加速和制动等。这可以提高驾驶的乐趣和舒适性,同时确保车辆的操控性能。

(4) 减少维修成本。通过预防轮胎和悬架的非正常磨损,定期四轮定位可以减少维修成本。如果长时间不进行四轮定位,可能会导致悬架的损坏,增加维修费用。

(5) 适应车辆使用情况。车辆在不同的路况下行驶或经历碰撞后,四轮定位可能会发生变化。定期检查可以确保车辆始终保持在最佳的工作状态,即使在恶劣的路况下也能保持良好的性能。

综上所述,定期进行四轮定位检查是汽车维护中的一个重要环节,有助于保障行车安全和经济性。根据车辆的使用频率和行驶环境,建议至少每年或每行驶一定里程后进行一次四轮定位检查。

3. 需要做四轮定位的几种情况

下列情况要进行四轮定位。

(1) 每行驶 10000 km 或六个月后。

(2) 直线行驶时车子往左或往右。

(3) 直行时需要紧握转向盘。

(4) 直行时转向盘不正。

(5) 车身漂浮或摇摆不定。

(6) 前轮或后轮单轮磨损。

(7) 安装新的轮胎后。

(8) 碰撞事故维修后。

(9) 换装新的悬挂或转向有关配件后。

(10) 新车行驶 3000 km 后。

4. 车辆四轮定位的主要参数及作用

四轮定位包括前轮定位、后轮定位。前轮定位的对象主要包括前轮前束角、前轮外倾角、主销后倾角和主销内倾角;后轮定位的对象主要包括后轮前束角、后轮外倾角。

1) 前轮前束角

从汽车的正上方向下看,轮胎的中心线与汽车的纵向轴线之间的夹角称为前束角。轮胎中心线前端向内收束的角度为正前束角,反之为负前束角。总前束角等于两个车轮的前束角之和,即两个车轮轴线之间的夹角。

前轮前束角可以消除车轮外倾造成的不良后果。车轮外倾使前轮有向两侧张开的趋势,由于受车桥约束,不能向外滚开,导致车轮边滚边滑,增加了磨损,有了前束后可使车轮在每瞬间的滚动方向都接近于正前方,减轻了轮毂外轴承的压力和轮胎的磨损。

前轮前束角可通过转向横拉杆长度来调整。

2) 前轮外倾角

外倾角的定义为轮胎中心线与垂直线所成的角度,向外为正,向内为负。其角度的不同能改变轮胎与地面的接触点及施力点,直接影响轮胎的抓地力及磨耗状况。

从前后方向看车轮时,轮胎并非垂直安装,而是稍微倾倒呈现"八"字形张开,称为负外倾角,而朝反方向张开时称正外倾角。

前轮外倾角可以增加汽车直线行驶时的安全性。当具有前轮外倾角时,车轮在转向时偏移量减小,所以能减少转向力;由于主销外倾,在垂直载荷作用下产生一施加于轴心上的分力,使车轮向内压在轴承上,以防止车轮甩脱。

现代汽车中,由于悬架等比过去坚固,加上路面平坦,前轮外倾角都较小,并且零倾角或负外倾角的车辆越来越多。

3) 主销后倾角

主销后倾角的定义为转向轴中心线与垂直线所成的夹角,向前为负,向后为正。主销后倾角的存在可使转向轴线与路面的交会点在轮胎接地点的前方,利用路面对轮胎的阻力让车子保持直进,如购物推车的前轮会自动转至施力的方向并保持直进一般。

设置主销后倾角后,主销中心线的接地点与车轮中心的地面投影点之间产生距离(称作主销纵倾移距,与自行车的前轮叉梁向后倾斜的原理相同),使车轮的接地点位于转向主销延长线的后端,车轮被行驶中的滚动阻力向后拉,车轮的方向便自然朝向行驶方向。设定很大的主销后倾角可提高直线行驶性能,同时增大主销纵倾移距。主销纵倾移距过大,会使转向盘沉重,在出现路面干扰时会加剧车轮的前后颠簸。

4) 主销内倾角

主销内倾角在车辆悬吊设计之初就已设定好,通常是不可调整的。

主销内倾角使得主销轴线与路面交点到车轮中心平面与地面交线的距离减小,从而减小转向时驾驶员加在转向盘上的力,使转向操纵轻便,同时也减少从转向轮传到转向盘上的冲击力。但主销内倾角也不宜过大,否则将加速轮胎的磨损。

5. 不正确的定位参数引起的行驶故障

(1) 前轮外倾角不相等。该错误会造成汽车直行时方向朝前轮外倾角较大的一边偏。

(2) 前轮外倾角过小。该错误会造成悬架零件及轮胎内缘磨损。

(3) 前轮外倾角过大。该错误会造成悬架零件及轮胎外缘磨损。

(4) 正前轮前束角过大(内八字)。该错误会造成转向盘飘浮不稳定,轮胎内缘快速磨损,胎纹外缘羽毛状磨损。

(5) 负前轮前束角过大(外八字)。该错误会造成转向盘飘浮不稳定,轮胎外缘快速磨损,胎纹内缘羽毛状磨损。

(6) 主销后倾角不相等。该错误会造成汽车直行时转向朝主销后倾角较小的一边偏。

(7) 主销后倾角过小。该错误会造成直行时转向盘摇摆不定,转向后转向盘无法自动回正。

(8) 主销后倾角过大。该错误会造成转向时转向盘太重。

6. 四轮定位常见故障类型

一些常见的四轮定位故障类型如下。

(1) 轮胎磨损不均。这是四轮定位问题最直接的表现，可能导致轮胎内侧或外侧磨损加剧，缩短轮胎使用寿命。

(2) 车辆跑偏。车辆在直行时需要不断调整转向盘以保持直线行驶，或者在转弯后不自动回正，这通常是前轮或后轮定位不当造成的。

(3) 转向盘不正。即使在停车时转向盘也无法完全回正，这可能是由于前束调整不准确或悬架问题导致的。

(4) 行驶稳定性差。车辆在行驶中感觉不稳定，可能伴有转向盘抖动或车辆摇摆，这可能是悬架的磨损或损坏导致的。

(5) 轮胎振动。高速行驶时感觉到轮胎有异常振动，这可能是轮胎不平衡或悬挂系统中的部件损坏造成的。

(6) 转向困难。转向盘沉重或难以操作，这可能是转向系统的部件磨损或四轮定位参数调整不当导致的。

(7) 悬架问题。悬架的磨损或损坏可能导致四轮定位参数失准，进而引起上述问题。

(8) 轮胎压力不均。轮胎压力不一致也会影响车辆的操控性能，尤其是在进行四轮定位后。

解决这些问题通常需要专业的四轮定位设备和技术人员进行检查和调整。定期进行四轮定位检查和维护，可以有效预防这些故障的发生。

7. 四轮定位检测轮胎磨损的步骤

通过四轮定位检测发现轮胎磨损是否均匀的步骤通常包括以下几个关键点。

(1) 测量轮胎角度。使用四轮定位仪测量车辆的轮胎角度，包括前轮前束角、前轮外倾角、主销后倾角和主销内倾角等。这些参数对于轮胎的均匀磨损至关重要。

(2) 检查轮胎磨损模式。在四轮定位仪的辅助下，检查轮胎表面的磨损模式。不均匀的磨损可能表明轮胎定位不准确或者存在其他悬架问题。

(3) 对比测量数据。将测量得到的轮胎角度数据与车辆制造商推荐的标准值进行对比。如果数据超出允许的误差范围，说明需要对悬架进行调整。

(4) 调整悬架。根据测量结果，调整车辆的悬架组件，如转向节、悬挂臂、球头等，以确保轮胎角度回到正确的设定值。

(5) 重新测量和评估。调整后，进行再次测量以验证轮胎角度是否已经调整到合适的范围内。同时，观察轮胎磨损是否变得更加均匀。

(6) 记录和报告。最后，记录所有的测量数据和调整操作，以便追踪轮胎磨损情况的变化，并在必要时提供给客户或维修技师作为参考。

通过上述步骤，可以有效地利用四轮定位检测来发现轮胎磨损是否均匀，并采取相应的调整措施，以延长轮胎寿命和维持车辆的行驶性能。

8. 四轮定位操作流程

(1) 环境准备。选择硬质、平整、无油污的地面进行测量，以确保测量数据的准确性。确保车辆稳定停放，使用千斤顶或者专用举升设备将车辆抬高，使车轮悬空，以便进行测量（图 4-8）。

(2) 设备检查。对四轮定位仪的所有传感器、支架和电缆进行全面检查，确保其完好无损，无磨损或断裂。确认四轮定位仪的软件版本是最新的，以获得最准确的测量数据。

图 4-8 车辆四轮定位

(3) 安装传感器。根据车辆型号和四轮定位仪的使用说明,将传感器安装在车辆的指定位置。确保传感器牢固地固定在车轮上,并且与轮胎的旋转轴保持平行。调整传感器的高度和角度,使其与车轮的旋转中心对齐。

(4) 系统校准。启动四轮定位仪,执行系统校准程序,以确保传感器数据的准确性和可靠性。根据车辆类型和制造商的技术规范进行校准,以适应不同车辆的测量需求。

(5) 测量数据。在传感器安装完成后,启动四轮定位仪,根据提示操作进行数据测量。记录各车轮的当前位置数据,包括前轮前束角、前轮外倾角、主销内倾角和主销后倾角等关键参数。对比测量数据与制造商提供的标准值,识别偏差。

(6) 数据分析。使用四轮定位仪内置的数据分析工具,对测量数据进行详细分析,以判断车轮定位是否符合制造商的规定和车辆的实际运行需求。识别任何可能影响车辆行驶稳定性和轮胎磨损的偏差,并记录下来以便后续调整。

(7) 调整定位。根据数据分析结果,使用四轮定位仪的调整功能对车轮定位进行精细调整。对于需要物理调整的部件,如转向节、悬挂臂等,按照制造商的规定进行操作,并确保所有调整均符合制造商的技术规范。

(8) 重新测量。调整完成后,再次进行测量,以验证调整的效果。确保所有参数都已达到制造商的规定和车辆的实际运行需求。

(9) 结果记录。记录所有测量数据和调整操作,包括前后测量的数据对比和调整后的结果。生成详细的服务报告,包括数据图表和调整前后的照片,以便于未来的参考和维护。

(10) 工具和设备清理。拆卸传感器,清理工作区域,确保所有工具和设备得到妥善存放。对使用过的工具进行清洁和消毒,维护工作环境的卫生。

9. 定位仪所用程序类型

1) 几何中心线定位

几何中心线定位仅仅测量两前轮相对于几何中心线的关系。使用该程序若考虑前轮外倾角的状态可能会导致转向盘偏位和操纵困难。

当前轮向推力线方向转向时,由于出现了边对边的前轮外倾角和主销后倾角差值,可能会发生跑偏现象,使用推力线或全四轮程序将有助于防止这个问题。该程序测量后轮外倾角的能力使前轮定位于推力线成为可能。

几何中心线定位实际上是前轮定位。

2)推力线定位

推力线定位适合所有后轮不可调的车辆。推力线定位的目的是把前轮定位于由推力线指示的正直向前位置。推力线是后轮所指的方向。

3)全四轮定位

具有可调后悬挂的车辆必须进行全四轮定位。该程序可以使后轮朝向几何中心线,前轮朝向后推进线。

在全四轮定位时,需要按以下顺序调整各角度:①后轮外倾角;②前轮外倾角和主销后倾角;③前轮前束角。

全四轮定位有助于保证车辆处于正确的轨迹,延长胎面寿命,保证车辆转向对中。

10. 四轮定位调整常用的方法

1)四轮定位调整常用方法

(1)手动调整法。技术人员通过手动操作悬架的调整螺栓,按照制造商提供的规格进行微调。这种方法简单直接,但需要较高的技术熟练度和经验。

(2)机械调整法。利用专用的机械工具,如拉马器、推拉器等,对悬架的部件进行移动,以达到预设的定位角度。这种方法适用于一些可直接调整的悬架部件。

(3)计算机控制调整法。使用四轮定位仪,通过电脑软件控制,自动测量和调整车辆的定位参数。这种方法精度高,操作简便,是现代汽车维修中最常用的四轮定位方法。

(4)激光定位法。利用激光束测量车辆各个轮胎的位置关系,然后通过计算机分析并调整至合适的定位角度。这种方法精度极高,但设备成本相对较高。

(5)光学定位法。通过光学测量仪器,如相机和传感器,捕捉轮胎和地面的标记点,计算出定位参数。这种方法为非接触式测量,但受环境光线条件影响较大。

(6)无线传感器定位法。在轮胎上安装无线传感器,实时监测轮胎的位置和角度变化,无线传输数据给接收装置,再由计算机分析和调整定位参数。这种方法方便快捷,但设备成本较高。

每种方法都有其优缺点,选择哪种方法取决于维修店的设备条件、技术能力以及对测量精度的要求。在实际操作中,技术人员会根据车辆的具体情况和定位需求,选择最合适的调整方法。

2)具体调整方法

(1)从上控制臂调整的常用方法。

①增减垫片调整主销后倾角和前轮外倾角,这种方法适用于别克、丰田、马自达等车型。

②移动上控制臂来调整前轮外倾角和主销后倾角,这种方法适用于克莱斯勒等车型。

③旋转凸轮来调整前轮外倾角和主销后倾角,这种方法适用于别克、凯迪拉克、雪佛兰、福特等车型。

④旋转上控制臂上两个偏心凸轮来调整主销后倾角和前轮外倾角,这种方法适用于皇冠、福特等车型。

⑤分别旋转两个偏心螺栓,来调整前轮外倾角和主销后倾角,这种方法适用于本田、丰田等车型。

(2)从下控制臂调整的常用方法。

①旋转偏心凸轮,可调整前轮外倾角,这种方法适用于丰田、雷克萨斯、林肯、马自达等车型。

②调整主销后倾角时,松开环销并旋转即可,调整前轮外倾角时,旋转偏心螺栓,这种方法适用于梅赛德斯-奔驰等车型。

③松开控制臂安装螺栓,旋转偏心凸轮可调整前轮外倾角,这种方法适用于皇冠、福特等车型。

④松开下控制臂前端的球头安装螺栓,可以推进或拉出球头,从而调整前轮外倾角,这种方法适用于奥迪、大众系列等车型。

(3) 从减振器顶部与支架部位进行调整的常用方法。

①松开前减振器顶上的定位螺栓,可以沿前卡孔左右移动减振器来调整前轮外倾角,这种方法适用于奥迪等车型。

②松开前减振器顶上的定位螺栓,向下推着前减振器并旋转180°,顺时针转增大外倾角,逆时针转减小前轮外倾角,这种方法适用于福特、马自达等车型。

③松开减振器支架上的两个螺栓,旋转上部带偏心凸轮的螺栓即可调整前轮外倾角,这种方法适用于克莱斯勒、三菱、日产、丰田、保时捷等车型。

④松开两个螺栓,向里推或向外拉轮胎,可以调整前轮外倾角,这种方法适用于别克、凯迪拉克、雪弗兰、克莱斯勒等车型。

⑤松开减振器两个螺栓,向外或向内移动轮胎上部,可以调整前轮外倾角。调整后可以加进楔形锯齿边铁片,既能固定又可防松脱。这种方法适用于福特等车型。

(4) 从其他定位部位进行调整。

①调长或调短前轮上的推力杆可调主销后倾角。

②后轮下控制臂一端装有偏心凸轮,松开螺栓,旋转凸轮可以调整后轮前束角。

③上部悬架的偏心凸轮可以用来调整前轮外倾角或前轮前束角;下部悬架上的拉杆可用来调整外倾角。

④对前减振器顶部进行改进,松开螺栓,将三个定位螺栓孔扩为长孔,左右移动可调前轮外倾角。

⑤对减振器支架进行改进,若外倾角失准,可先把减振器从转向节上拆下,把减振器支架下边的孔锉成长孔,然后装回减振器,即可调整前轮外倾角。

11. 注意事项

(1) 在进行四轮定位之前,应确保车辆的悬架没有松动或损坏的部件,以免影响测量结果的准确性。

(2) 应避免在软质地面上进行四轮定位,因为这可能会导致测量数据不准确。

(3) 应确保在调整过程中遵循制造商提供的指导和推荐,以避免对车辆造成不必要的损害。

(4) 遇到特殊情况或复杂问题时,应及时联系制造商的技术支持部门获取指导。

(5) 对于新引进的技术和工具,应提供充分的培训和实践机会,确保检修人员能够熟练地使用它们。

(6) 对于使用过的工具和设备,应进行清洁和消毒,以保持工作环境的卫生。

(7) 对于产生的废弃物,应按照环保规定进行分类收集和处置。

(8) 检修人员应定期参加由制造商或专业机构提供的培训课程,以了解最新的技术和维修方法。

(9) 鼓励检修人员参与行业交流活动,分享经验和学习新知识,以提高自己的专业技能。

（10）在完成四轮定位后，应对车辆进行全面检查，确保所有调整都已正确实施，并且没有遗漏任何可能影响车辆性能的因素。

（11）对于任何在操作过程中发现的问题，均应及时进行记录和分析，以便于未来的故障排查和维护工作。

（12）对于任何可能影响车辆性能的因素，如悬架的磨损、轮胎的磨损等，均应进行定期检查和维护。

（13）对于任何需要长期跟踪的问题，均应设定提醒日期，并在必要时进行复查或维护。

（14）详细且专业的四轮定位操作流程，可以确保车辆的四轮定位得到准确和有效的执行，为车辆提供稳定的行驶性能和舒适的乘坐体验，有助于延长车辆的使用寿命，提高行驶安全性。

12. 四轮定位仪的维护

四轮定位仪（图4-9）的维护是确保其正常运行和延长使用寿命的重要环节。以下是详细的维护步骤和注意事项。

图4-9　四轮定位仪

（1）轻拿轻放。由于四轮定位仪包含高精密电子部件，因此在操作过程中应轻拿轻放，避免因振动或撞击导致设备损坏。

（2）保持清洁。定期清洁设备，特别是显示器、打印机和电脑等部件，必须用干燥、柔软和防静电的布进行清洁；键盘则需用毛刷清洁，并在不用时用防尘罩盖住。同时，要保证系统的洁净，避免灰尘对系统的损害，因为灰尘容易产生静电，若设备太脏容易因静电而受损。

（3）防潮、防水。设备工作场地要防潮、防水，潮湿的环境将对电脑的使用造成不良影响。清洁设备时应用无纺布轻拭或使用温和的中性清洁剂清洁，清洁完毕务必做好防尘处理并远离洗车工位。

（4）温度和湿度控制。应避免在阳光直射下使用设备，保证设备使用的环境温度和湿度，使设备在理想工作温度和理想工作湿度下工作。

（5）用电安全。建议配备小型稳压器或UPS电源来稳定电压并降低电子元器件损耗。由于汽车维修车间大功率设备较多，为了更好地保障客户的正常经营，建议配备小型稳压器以实现电压稳定，减少设备电子元器件的损耗。

（6）定期检查与校准：每年校准标定一次，并保存保养记录和校准标定文件。定期检查设备的外观和内部零部件是否有损坏、松动等情况,及时更换。每次使用该设备,需填写操作记录表,如表4-3所示。

表4-3 四轮定位操作记录表

操作项目		记录内容	签名	备注
车轮定位	维修手册的使用			
	检查后行李箱			
	检查四轮轮辋和轮胎			
	检查车轮轴承			
	紧固四个车轮的螺栓			
	车辆就位			
	四轮定位数据的核对			
	安装定位设备			
	偏位补偿			
	制动车辆			
	拔出定位销			
	定位检测			
	定位后检测			
	打印检测结果			
	插回定位销			
	检查发现的故障及结果的判断(见故障检查记录表)			

(7)目标板和夹具保养:目标板和夹具的使用和保养也需注意,包括及时挂回、擦拭干净、避免阳光直射等。定期对目标板、夹具等部件进行保养和润滑,避免划伤或磨损。

通过以上措施,可以有效维护四轮定位仪,确保其长期稳定运行和测量结果精确。

学习任务四　车架与车桥

新能源汽车的车架和车桥设计在某些方面与传统汽车有所不同,以适应新能源汽车的特定需求,如新能源汽车的车架和车桥更加注重提高能效、优化重量分配、增强结构强度等方面以及能够支持先进的驾驶辅助系统。以下是新能源汽车车架和车桥与传统汽车车架和车桥在设计和功能上的一些关键差异。

(1)轻量化设计。新能源汽车,特别是电动汽车(EV),强调减轻车身重量以提高能效和续航里程。因此,其车架和车桥常常采用高强度钢、铝合金或碳纤维等轻质材料,以实现轻量化。

(2)结构优化。为了提高空间利用效率,新能源汽车的车架设计可能会采用模块化和一体化设计,整合电池包支架,减少零件数量,简化装配过程。

(3)电池集成。新能源汽车的电池包是关键组件,对车架的结构设计提出了特殊要求。车架需要提供足够的支撑和保护,同时允许电池包的热管理系统有效工作。

(4) 空气动力学性能。为了降低风阻并提高能效,新能源汽车的车桥设计可能会更加注重空气动力学特性,例如流线型的轮毂设计和优化的底盘布局设计。

(5) 扭矩传递。新能源汽车的电动机产生的扭矩远高于传统内燃机,因此车桥和驱动轴需要能够承受更大的扭矩和载荷。

(6) 再生制动系统兼容性。新能源汽车的再生制动系统要求车轮和车桥能够有效地回收制动能量。这可能需要车轮包含特殊的传感器和电子控制单元,以支持再生制动系统的运作。

(7) 悬架调整。新能源汽车的重量分布和重心位置可能与传统汽车不同,这可能要求对悬架进行调整,以保持良好的操控稳定性和乘坐舒适性。

(8) 轮胎选择。新能源汽车可能会使用专为其设计的轮胎,这些轮胎可能具有更低的滚动阻力、更好的耐磨性和适应不同路况的能力,以适应新能源汽车的行驶特性。

(9) 车桥设计。新能源汽车的车桥设计可能会更加复杂,以支持电池包的安装和先进的驾驶辅助系统,如自动驾驶技术。

(10) 制造工艺。随着新能源汽车市场的增长,制造商可能会采用更先进的制造工艺,如激光切割和焊接技术,以提高生产效率和产品质量。

(11) 可持续性。新能源汽车的生产过程越来越注重可持续性,这可能影响到车架和车桥材料的选择和制造过程,以减少环境污染。

新能源汽车的车架和车桥设计在轻量化设计、结构优化、电池集成、空气动力学性能、扭矩传递、再生制动系统兼容性、悬架调整、轮胎选择以及制造工艺等方面都展现出与传统汽车的车架和车桥不同的特点和要求。随着技术的进步和市场的发展,这些差异可能会进一步扩大,推动汽车行业向更加高效、环保的方向发展。

1. 车架的功用与分类

1) 车架的功用

车架俗称大梁,它是跨接在前后车桥上的桥梁式结构,是整个汽车的基础,其上装有发动机、变速器、传动轴、前后桥和车身等总成和部件。新能源汽车还要在其上装配电池、电机、电控等其他部件。车架的作用是支撑、连接汽车各总成,使各总成固定在它的上面,使之保持正确的相对位置,并承受和传递力和力矩,承受车内、外各种载荷。

2) 车架的分类

(1) 边梁式车架。

边梁式车架由左、右两根纵梁和若干根横梁组成。边梁式车架通过铆钉连接或焊接将纵梁和横梁连接成坚固的刚性构架,被广泛应用在货车和特种汽车上。

(2) 中梁式车架。

中梁式车架又称脊梁式车架,它是由一根贯穿汽车纵向的中央纵梁和若干根横向悬伸托架构成的。中梁式车架有较大的扭转刚度,有较大的运动空间,适合采用独立悬架,车架较轻,减小了整车重量,重心也较低,行驶稳定性好。但这种车架制造工艺复杂,精度要求高,总成安装比较困难,维修也不方便,故目前应用不多。

(3) 综合式车架。

综合式车架由边梁式和中梁式车架结合而成的,其加工制造及维修困难,所以目前很少应用。

(4)无梁式车架(承载式车身)。

无梁式车架用车身兼作车架,汽车的所有零部件、总成都安装在车身上,车身要承受各种载荷的作用。这种车身也称为承载式车身,现在很多轿车都采用这种方式。

承载式车身

2. 车桥的功用与分类

1)车桥的功用

车桥位于悬架与车轮之间,其两端安装车轮,通过悬架与车架(或车身)相连,其功用是传递车架(或车身)与车轮之间的各种载荷。

2)车桥的分类

(1)按悬架结构不同。按悬架结构不同,车桥分为整体式车桥和断开式车桥两种。整体式车桥与非独立悬架配用;断开式车桥与独立悬架配用。

(2)按车桥上车轮的作用不同。按车轮作用不同,车桥分为转向桥、驱动桥、转向驱动桥和支持桥四种类型。

①转向桥。在后轮驱动的汽车中,前桥既用于承载,又起转向作用,称为转向桥。

②驱动桥。后桥既用于承载,又起驱动的作用,称为驱动桥。

③转向驱动桥。四轮驱动和前轮驱动汽车的前桥,除了承载和转向的作用,还兼起驱动作用,所以称为转向驱动桥。

④支持桥。只起支承作用的车桥称为支持桥(图 4-10)。

图 4-10 支持桥

3. 车架的检修

1)车体矫正机矫正检测维修

车体矫正机(图 4-11)又叫大梁矫正仪。可以使用车体矫正机对车架进行检测维修。其原理为将需修复的汽车车身在车体矫正机上进行定位夹紧,通过拉伸系统对车身施以与碰撞方向相反的作用力,使车身变形得以恢复。其具体操作方法是利用车体矫正机上的测量系统测出被检测车架的各种数据,然后与标准数据比较,找出误差值,并直接用牵引装置进行牵引矫正,最终达到标准。若车架损伤严重,可用矫正机工具库中的工具进行修理,然后再用车体矫正机检测,直到符合标准为止。

图 4-11 车体矫正机

2）车架变形的修理

车架弯曲、扭曲或歪斜变形超过允许值时，应进行矫正。若变形不大，可用专用车体矫正机进行矫正；变形严重时，可拆卸车架变形严重部位，更换变形严重部位或对拆卸部位进行修理矫正，然后重新焊接或铆合。

3）车架裂纹及铆接质量的检修

可用直观检视法和敲击法进行车架裂纹及铆接质量的检测。车架应无裂纹，各铆接部位的铆钉应无松动现象。如有裂纹可进行专业焊修。如铆钉出现松动或被剪断时，可以用直径略小于铆钉的钻头钻除铆钉并重新进行铆合。

4）车架附件的修理

车架上各支架、托架出现明显变形及裂纹时，应更换新件。出现连接松动时，应重新铆接、紧固、焊接等。

4. 车桥的检修

1）转向驱动桥的检修

转向驱动桥不仅具有一般驱动桥所具有的主减速器、差速器和半轴，也具有一般转向桥所不具有的转向节、主销和轮毂等。转向驱动桥的常见故障有过热、漏油、异响等。根据故障部位和原因的不同，其检修方法也不同。

（1）过热现象。根据发热部位可检查润滑油质量、润滑情况、油封状况、轴承状况以及零部件配合松紧状况等。情况严重的需要分解相关零部件进行啮合松紧度调整或零部件分解检修更换等，如对减速器和差速器进行分解、检修以及啮合调整等。

（2）漏油现象。根据漏油情况及漏油部位可检查加油口、放油口、油封状况、齿轮油加注是否过多、桥壳是否有裂纹等，并视情况进行调整、检修、更换零部件等。

（3）异响现象。根据异响情况及异响部位进行以下操作：检查润滑情况；检查转向驱动桥各连接配合部位松紧度；必要时进行零部件分解检修，可对减速器、差速器、半轴、万向节、转向节、主销和轮毂进行进一步分解，检查是否有异物；检查各轴承、螺栓、齿轮或其他零件是否有损坏，检查配合间隙、啮合间隙是否存在过大或过小等情况。视转向驱动桥的情况进行调整、检修、更换零部件等。

2）支持桥的检修

支持桥的检修主要检查各零部件完好状况，包括以下几个方面：检查各部件是否有裂纹；检查各零件及定位孔的磨损情况；检查轮毂状况；检查轴承的松紧度；检查调整螺母及调整垫圈情况。视支持桥的情况进行调整、检修、更换零部件。

5. 注意事项

车架和车桥检修时应注意以下事项。

（1）禁止携带钥匙、手表、首饰等导电金属物品。

（2）要穿戴好绝缘鞋、绝缘手套、护目镜等防护用品，在车底进行拆装动力电池或进行绝缘检测时还需要戴绝缘帽。

（3）拆装车辆高压部件时，必须使用电动汽车维修的专用绝缘工具，这样才能确保检修过程中的人身安全和设备安全。

（4）电动汽车上导线颜色表示特定的含义，鲜艳的橙色电缆用来警示有高压电危险，在检修此类线路部件时必须进行高压防护。

（5）在对新能源汽车进行维修或动力电池充电时，需要放置警示标志，并把车钥匙从点火开关上取下来保管好。

项目五　新能源汽车制动系统故障排除

思政导学

安全前行,停歇思考,扎根实践,远行未来

安全,是我们旅程的基石。在复杂多变的社会环境中,我们需要遵守法律法规,遵循道德规范,不触碰红线,不陷入危险的漩涡。只有在安全的轨道上前行,我们才能拥有稳定的步伐,才能为后续的发展奠定坚实的基础。无论是在学业上追求知识,还是在职业生涯中拼搏奋斗,安全意识都应始终伴随我们左右,成为我们行动的准则。

思考,确定我们旅程的方向。在匆忙的脚步中,我们容易迷失方向,忘记初心。这时,我们应适时地停下,静下心来思考。通过深入的思考,我们能够发现问题,总结经验,调整策略,让我们的前行更加明智、更加有针对性。

实践,是将理想变为现实的桥梁。知识和理论固然重要,但只有通过实践,我们才能真正掌握技能,积累经验。无论是参与社会服务,还是进行科学研究,每一次的实践都是一次成长的机会。在实践中,我们会遇到各种困难和挑战,但正是这些挫折,让我们变得更加坚韧,更加成熟。扎根实践,让我们的梦想不再是空中楼阁,而是实实在在的成果。

未来,是我们为之奋斗的终极目标。它需要我们有远大的理想,有坚定的信念,有持续的努力。当我们在安全的道路上稳步前行,在思考中不断完善自我,在实践中积累丰富经验,未来的大门就会为我们敞开。

学习目标

1. 掌握新能源汽车制动系统的发展史

深入了解从早期机械制动系统到现代电子控制制动系统的演变过程。掌握鼓式制动器和盘式制动器的检修,关注新能源汽车(如电动汽车、混合动力汽车)制动系统的特殊性和创新点,如能量回收制动系统的工作原理及其对节能减排的贡献。

2. 探讨新能源汽车制动系统的重要作用

分析新能源汽车制动系统对行车安全的影响,探讨新能源汽车制动系统对节能减排的贡献,深入研究能量回收制动系统的工作原理及其对节能减排的积极影响。

3. 激发学生对未来的远大志向和抱负

学生在学习新能源汽车制动系统的发展史时,应被其背后的技术创新和进步激励。新能源汽车制动系统的每一次升级和突破都是人类智慧和勇气的结晶,是科技改变生活的生动例证。这种认识将激发学生对科技创新的热爱和追求,促使他们树立远大志向和抱负。

学习任务一　新能源汽车制动系统概述

1. 新能源汽车制动系统的发展趋势

新能源汽车制动系统的发展趋势有以下几个方面。

1)集成化与模块化设计

随着新能源汽车技术的不断成熟,新能源汽车的制动系统正朝着更加集成化和模块化的方向发展。这意味着各个子系统(如再生制动、摩擦制动、电子控制单元等)将更加紧密地集成在一起,形成一个高效、可靠的整体。这种设计有助于简化生产流程,降低制造成本,并提高系统的可维护性。

2)智能化与自动化水平提升

借助先进的传感器技术、数据处理算法和人工智能,新能源汽车的制动系统将实现更高水平的智能化。例如,通过精确预测驾驶员的制动意图和车辆的行驶状态,新能源汽车的制动系统能够提前作出反应,实现更平滑、更安全的制动体验。此外,自动紧急制动(AEB)、车道保持辅助(LKA)等功能的普及,也将进一步提高驾驶的安全性。

3)能量回收效率优化

随着对节能减排要求的不断提高,新能源汽车制造商将继续探索提高能量回收效率的方法,包括改进电机的设计、优化能量转换算法以及开发新型的能量存储技术,以最大化回收能量并减少对传统摩擦制动系统的依赖。

4)轻量化材料的应用

为了提高车辆的能效,减轻车辆重量,新能源汽车的制动系统将越来越多地采用轻量化材料,如铝合金、碳纤维等。这些材料不仅能够减少制动系统的重量,还能提高其耐腐蚀性和耐热性,延长使用寿命。

5)人机交互界面的创新

随着信息娱乐系统和车辆控制系统的融合,未来的新能源汽车将提供更加直观和个性化的人机交互界面。驾驶员可以通过触摸屏、语音命令等方式轻松控制制动系统的各项功能,实现更加便捷的操作体验。

6)可持续性与环保意识的增强

在生产和使用过程中,新能源汽车的制动系统将更加注重可持续性和环保性,如开发可回收的材料、减少有害物质的使用、优化生产流程以减少环境影响等。

7)标准化与兼容性提升

随着全球新能源汽车市场的扩大,新能源汽车的制动系统将更加标准化同时兼容性将不断提升。这将有助于制造商在全球范围内销售产品,同时也方便消费者在不同品牌和车型之间进行选择。

8)法规与标准的适应

随着各国对新能源汽车的监管政策不断完善,制动系统的研发将更加注重符合法规与标准的要求,包括安全标准、环保标准以及性能标准等,以确保产品在全球市场上的竞争力。

2. 新能源汽车制动系统的技术突破

随着新能源汽车制动系统的发展,许多技术取得了突破,主要有以下几项。

1)电子控制技术的进步

随着电子控制单元和传感器技术的发展,新能源汽车的制动系统的响应速度和精度得到了显著提升。现代新能源汽车的制动系统能够实时监测车辆的速度、加速度、轮速,实现精确的制动力分配。

2)制动材料的创新

为了提高制动系统的性能和耐用性,同时减少对环境的影响,新型制动材料的研究和应用成为热点。例如,陶瓷基复合材料和碳基复合材料在高温下仍能保持良好的制动性能,同时还能减少制动粉尘的产生。

3)智能化与自动化的融合

自动驾驶技术的发展要求制动系统具备更高的自主性和可靠性。通过集成先进的辅助驾驶系统,如自动紧急制动、车道保持辅助等功能,新能源汽车可以在紧急情况下自动采取制动措施,提高行车安全。

4)无线通信技术的应用

车联网技术的引入使得制动系统能够与其他车辆以及道路基础设施进行通信,实现信息共享。这有助于提前预警潜在的危险情况,提前调整制动策略,提高整体的交通安全水平。

5)定制化和模块化设计

为了满足不同车型和消费者需求,制动系统正朝着更加灵活和可定制的方向发展。模块化设计使得制造商可以根据不同的应用场景快速调整制动系统的配置,同时降低生产成本。

6)环境友好和可持续性

新能源汽车行业对环保的要求日益严格,因此,开发可回收的制动材料和减少制动过程中的环境污染成为研发的重点,如使用水基制动液代替传统的石油基制动液,以减少对环境的污染。

7)人机交互体验的提升

改进制动踏板的反馈机制和用户界面,可以提升驾驶员对制动系统的感知和控制能力。例如,触觉反馈技术可以让驾驶员在不同的制动模式下感受到不同的踏板反馈力,从而更直观地了解当前的制动状态。

这些技术突破不仅提高了新能源汽车的安全性和经济性,也为未来的技术发展提供了新的可能性,如实现更高级的自动驾驶功能和更高效的能量管理。随着技术的不断演进,我们可以期待未来会有更多创新的制动系统解决方案出现,进一步推动新能源汽车行业的发展。

3. 新能源汽车制动系统简介

制动系统是指能够使行驶中的汽车减速甚至停车,使正在下坡的汽车速度保持稳定,以及使已停驶的汽车保持不动的系统。制动系统可以使行驶中的汽车按驾驶员的要求进行强制减速甚至停车,使已停驶的汽车在各种道路条件下稳定驻车,使下坡行驶的汽车速度保持稳定,如图 5-1 所示。

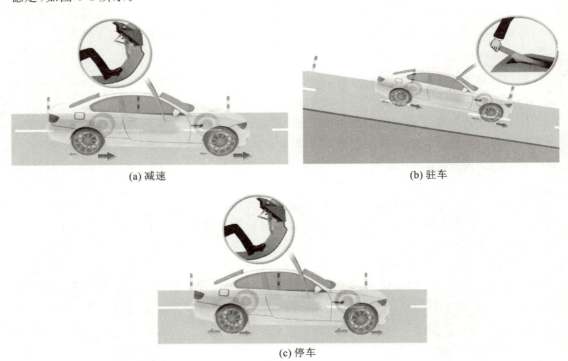

图 5-1 制动系统的作用

新能源汽车制动系统是新能源汽车关键安全系统之一,主要负责控制车辆的制动力和制动力分配,以确保车辆在各种行驶条件下的稳定性和安全性。新能源汽车制动系统通常包括传统的摩擦制动系统和再生制动系统,以及另外五种辅助系统。

1)摩擦制动系统

传统的摩擦制动系统通过制动片与制动盘之间的摩擦来减速车辆。当驾驶员踩下刹车踏板时,制动钳会被液压或电子信号驱动,使制动片压紧制动盘,从而产生摩擦力,减缓车轮的旋转速度。

摩擦制动系统通常包括主缸、制动钳、制动盘、制动片等部件。主缸承受来自刹车踏板的力,通过液压系统将力传递到制动钳,使制动片与制动盘接触产生摩擦力。

2)再生制动系统

再生制动系统是新能源汽车特有的制动方式,它利用电动机/发电机的逆变功能,将车辆的动能转换为电能,存储在电池中。当驾驶员踩下刹车踏板时,电机切换到发电模式,通过制动回馈机制回收能量。

再生制动系统通常与摩擦制动系统集成在一起,形成一个混合制动系统。在低速或轻刹车情况下,主要依靠再生制动系统回收能量;在高速或重刹车情况下,再生制动系统与摩擦制动系统协同工作,确保足够的制动力。

3)电子控制制动系统

电子控制制动系统(EBS)利用电子信号控制制动压力的分配。它可以精确控制每个车轮的制动力,提高车辆的稳定性和安全性。EBS通常与防抱死制动系统(ABS)和电子稳定控制系统(ESC)等其他安全系统配合使用。

4)自动紧急制动系统

自动紧急制动系统(AEB)是一种高级的辅助驾驶系统,它能够在检测到潜在的碰撞风险时自动激活制动系统,以减小事故的严重性或完全避免碰撞。这种系统通常依赖雷达、摄像头和其他传感器来监测车辆前方的障碍物。

5)线控制动系统

线控制动系统(brake-by-wire)是一种完全由电子信号控制的制动系统,没有传统的机械连接。它通过传感器捕捉驾驶员的制动意图,并将其转换为电子信号,控制制动器的动作。这种系统可以实现更精确的制动控制和更高的能量回收效率。

6)液压辅助电动制动系统

这种系统结合了传统的液压制动系统和电动马达。在正常制动情况下,电动马达提供辅助动力以减少驾驶员踩踏踏板的力度;在紧急制动情况下,液压系统提供主要的制动力。这种系统旨在结合两种系统的优点,提高制动性能和可靠性。

7)电子驻车制动系统

电子驻车制动系统(EPB)是一种电子控制的停车制动系统,取代了传统的手动拉杆式手刹。驾驶员通过按下按钮来激活或释放停车制动,系统会自动控制制动器的紧固和释放。这种系统提高了便利性,并可以与车辆的其他电子系统集成,实现更复杂的功能。

4. 新能源汽车制动系统结构

新能源汽车制动系统主要由以下几个部分组成。

(1)再生制动系统。这是新能源汽车特有的制动系统,电机在制动时作为发电机,将车辆的动能转换为电能,存储回电池。

(2)摩擦制动系统。该系统包括传统的盘式制动器和鼓式制动器,主要依靠制动片或制动蹄与制动盘或制动鼓的摩擦来减速。

(3)电子控制单元。该结构负责监控和控制整个制动系统的工作,包括再生制动系统的激活和摩擦制动系统的分配。

(4)制动踏板。该结构是驾驶员用来启动制动过程的物理装置,其位置和力度信号被传递到电子控制单元。

(5)轮速传感器。该结构用于监测每个轮子的转速,将其提供给防抱死制动系统和其他控制系统作为输入信号。

(6) 液压系统。该结构为摩擦制动系统提供必要的压力。

5. 新能源汽车制动系统工作原理

汽车制动系统的工作原理是通过摩擦力将车辆的动能转化为热能,从而减慢或停止车辆的运动。这个过程涉及多个关键组件,包括制动踏板、助力器、主缸、轮缸、制动蹄/刹车片以及制动盘/制动鼓等。

当驾驶员踩下制动踏板时,机械连杆或液压系统将力传递到主缸(制动总泵)。在传统的机械制动系统中,制动踏板直接通过连杆机制作用于主缸活塞;现代汽车通常采用液压助力系统,使得驾驶员只需施加较小的力就能产生足够大的压力。

在液压制动系统中,主缸内的活塞在驾驶员踩下制动踏板后移动,压缩制动液,产生高压。这个高压通过制动液管道传递到每个车轮上的轮缸(制动缸)。轮缸内有一个活塞,高压液体进入时推动活塞移动,从而将力传递到制动蹄或制动片。

制动蹄或制动片是产生摩擦力的关键部件,它们紧贴在旋转的制动盘(盘式制动)或制动鼓(鼓式制动)上。当制动蹄或制动片被压紧时,它们与制动盘或制动鼓接触,通过摩擦力将车轮的旋转动能转化为热能,从而达到减速或停车的目的。

在盘式制动系统中,制动盘通常与车轮直接相连,当制动蹄被压紧时,制动蹄夹紧制动盘,产生制动力。盘式制动系统因其散热性能好、制动效果稳定而广泛应用于现代汽车的前轮和后轮。

在鼓式制动系统中,制动鼓与车轮相连,制动蹄在制动鼓内部移动,通过摩擦作用使制动鼓减速。鼓式制动系统结构紧凑、成本较低,但散热性能相对较差,通常用于后轮或小型车辆。

除了上述制动系统外,大多数现代汽车还配备有辅助制动系统,如手刹(驻车制动器)和电子制动力分配系统、防抱死制动系统等。手刹通常通过机械杠杆作用于制动蹄或制动片,用于停车时固定车辆。电子制动力分配系统和防抱死制动系统则通过电子控制单元优化制动过程,提高车辆的稳定性和安全性。电子制动力分配系统根据车辆的负载情况自动调整前后轮的制动力分配,而防抱死制动系统则防止车轮在紧急制动时锁死,保持车辆的操控性。

6. 新能源汽车制动系统控制逻辑

1) 制动系统控制逻辑

制动系统的控制逻辑有以下三个。

(1) 能量管理。电子控制单元根据电池的充电状态和车辆的行驶需求,智能地决定何时优先使用再生制动系统,何时切换到摩擦制动系统。

(2) 制动协调。电子控制单元实时监控驾驶员的制动意图和车辆的动态状态,协调再生制动系统和摩擦制动系统的工作,确保最佳的制动效果和能源利用效率。

(3) 安全优先。在任何情况下,安全都是最重要的。电子控制单元会确保在紧急情况下能够迅速提供足够的制动力,同时避免任何可能导致车辆失控的情况。

2) 制动系统的控制策略

新能源汽车的制动系统通常配备有先进的电子控制单元,它能根据车辆的速度、电池状态、驾驶员的刹车意图等参数,实时计算并调整制动压力分配。

电子控制单元还负责协调再生制动系统和摩擦制动系统的工作，优化能量回收效率和制动力的平稳过渡。在某些高级车型中，制动系统还可能集成防抱死制动系统、电子稳定程序等辅助系统，以提高车辆在紧急情况下的稳定性和可控性。

新能源汽车制动系统的设计和控制策略对于提高车辆的能效和安全性至关重要。随着技术的不断进步，未来的新能源汽车制动系统将更加智能化和高效化，为驾驶员提供更加舒适和安全的驾驶体验。

7. 新能源汽车对制动系统的特殊要求

新能源汽车，尤其是电动汽车（EV）和插电式混合动力汽车（PHEV），其动力系统与传统汽车不同，因此对制动系统提出了新的要求，主要要求如下。

（1）能量回收。电动汽车在制动时可以通过再生制动系统回收一部分动能，将其转化为电能储存回电池。因此，制动系统需要与电机协同工作，实现有效的能量回收。

（2）重量管理。由于电池组的重量较大，新能源汽车的总重量通常高于传统燃油汽车。这要求制动系统能够承受更大的载荷，同时保持良好的制动性能。

（3）热管理。在频繁的启停和再生制动过程中，新能源汽车的制动系统可能会产生更多的热量。因此，需要有效的热管理系统来防止过热，确保制动系统的可靠性和耐用性。

（4）安全性。新能源汽车的高压电系统增加了电气安全的风险。制动系统需要具备足够的绝缘性能和防护措施，以确保在紧急制动情况下乘客的安全。

随着新能源汽车技术的不断进步，对制动系统的要求也在不断提高。未来的制动系统将更加注重能效、环保和安全性，以适应新能源汽车的发展趋势。

学习任务二 制动器结构与拆装

1. 新能源汽车制动器的分类

新能源汽车制动器主要包括盘式制动器和鼓式制动器。

（1）盘式制动器。这是当代汽车上应用最广泛的制动系统，特别是在新能源汽车中。盘式制动器的工作原理是通过夹紧与车轮同步旋转的制动盘，利用摩擦力来减缓车轮的旋转速度。当驾驶员踩下制动踏板时，制动总泵内的活塞受到推动，进而在制动油路内产生压力。这个压力通过制动油路传递到制动钳上的制动缸活塞，使其向外移动，推动制动块夹紧制动盘。盘式制动器的优点包括有良好的散热性、能够连续制动、能够快速响应、制动力平稳以及有良好的排水性。此外，它的制动力在车轮的两侧相对均匀，不会像鼓式制动器那样产生自动增强的效果。相对于鼓式制动器，盘式制动器的结构更简单，更易于维修。

（2）鼓式制动器。这是汽车历史上最早使用的制动系统，虽然在现代汽车中不如盘式制动器普遍，但在某些新能源汽车中仍然使用。鼓式制动器的工作原理是在车轮内部安装一个制动鼓，制动鼓随车轮旋转。当需要制动时，制动活塞推动内部的制动片与制动鼓接触，通过摩擦力使车轮减速。鼓式制动器的优点在于其结构简单、制造成本低，通常用于低端车辆或大型货车的制动系统。它能够提供强大的制动力。

总体来说，新能源汽车的制动器设计倾向于使用盘式制动器，因为其具有良好的性能且易于维护。然而，鼓式制动器因其成本较低且能提供较大制动力，仍在新能源汽车中占有一席之地，特别是在对成本敏感的特定应用场景下，鼓式制动器仍拥有较好的适用性。

2. 盘式制动器拆装与检修

1）盘式制动器

盘式制动器，也称为碟式制动器，是一种广泛应用于汽车的制动系统。盘式制动器的结构如图5-2所示。它主要由制动盘（刹车碟）、制动钳、制动片以及制动液等组成。

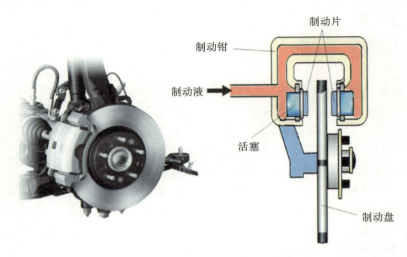

图5-2　盘式制动器的结构

新能源汽车的盘式制动器主要由以下几个关键部分组成。

（1）制动盘。制动盘是盘式制动器的核心部件，通常由铸铁或复合材料制成，安装在车轮上，与车轮一起旋转。

（2）制动钳。制动钳固定在车辆的悬架上，内部装有制动活塞。制动钳可以是浮动式或固定式，浮动式制动钳允许活塞在制动钳内移动，而固定式制动钳则有多个活塞固定在卡钳上。

（3）制动片。制动片是放置在制动盘两侧的摩擦材料，当驾驶员踩下刹车踏板时，制动片被压紧到制动盘上，通过摩擦力减缓车轮的旋转速度。

（4）制动液。制动液是液压系统中的工作介质，用于将驾驶员作用在刹车踏板上的力传递到制动器的各个部分。

（5）制动液储液器。制动液储液器用于储存制动液，并确保系统中的制动液水平保持在适当范围内。

（6）制动管路。制动管路是连接制动踏板、制动液储液器和制动钳的管道，通过其中流动的制动液传递压力。

（7）助力器。助力器利用真空或液压原理，放大驾驶员踩刹车踏板时产生的力，使得驾驶员可以轻松地施加足够的力。

（8）ABS模块。ABS模块是防抱死制动系统的核心部件，它监控每个车轮的转速，并在检测到车轮即将锁死时自动调节制动压力，以防止车辆打滑并保持车辆的操控性。

（9）电子控制单元。在配备电子控制系统的盘式制动器中，电子控制单元负责接收来自ABS模块、车辆稳定控制系统等的信号，并根据这些信息控制制动器的工作。

这些组成部件共同工作，确保新能源汽车的盘式制动器能够高效、安全地执行制动任务。随着技术的发展,现代新能源汽车的盘式制动器可能还会集成更多先进的技术,如电子驻车制动系统、自动紧急制动等,以提高车辆的安全性能和便利性。

盘式制动器的固定元件为制动钳,按制动钳固定在支架上的结构形式不同,盘式制动器可分为定钳盘式和浮钳盘式。

（1）定钳盘式制动器。

定钳盘式制动器的结构如图 5-3 所示。

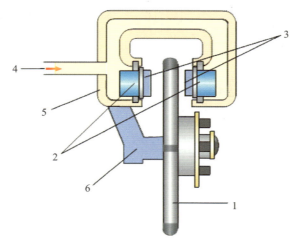

1—制动盘；2—活塞；3—制动片；4—进油口；5—制动钳；6—车桥

图 5-3　未制动时的定钳盘式制动器

跨置在制动盘上的制动钳固定安装在车桥上,它不能旋转也不能沿制动盘轴线方向移动,其内的两个活塞分别位于制动盘的两侧。

制动时,制动液由制动总泵（制动主缸）经进油口进入制动钳中两个相通的液压腔,将两侧的制动块压向与车轮固定连接的制动盘,从而产生制动,如图 5-4 所示。

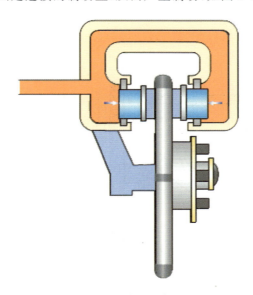

图 5-4　制动时的定钳盘式制动器

完整的定钳盘式制动器结构如图 5-5 所示。

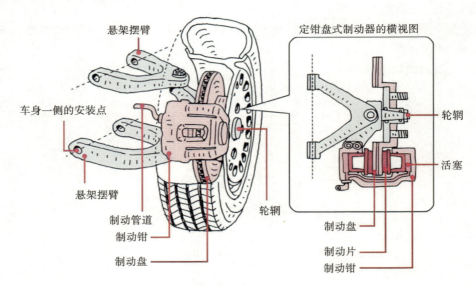

图 5-5　定钳盘式制动器结构图

这种制动器存在着以下缺点。

①油缸较多,使制动钳结构复杂。

②油缸分置于制动盘两侧,必须用跨越制动盘的钳内油道或外部油管来连通,这使得制动钳的尺寸过大,难以安装在现代化轿车的轮辋内。

③热负荷大时,油缸和跨越制动盘的油管或油道中的制动液容易受热汽化。

④若要兼用于驻车制动,则必须加装一个机械驱动的驻车制动钳。

这些缺点使得定钳盘式制动器难以适应现代汽车的使用要求,故现在已很少用。

(2) 浮钳盘式制动器。

浮钳盘式制动器如图 5-6 所示。

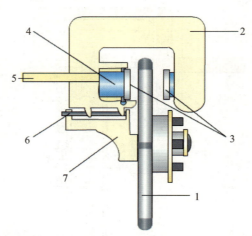

1—制动盘；2—制动钳；3—制动片；4—活塞；5—进油口；6—导向销；7—车桥

图 5-6　未制动时的浮钳盘式制动器

制动钳通过导向销与车桥相连,可以相对于制动盘轴向移动。制动钳只在制动盘的内侧设置油缸,而外侧的制动片则附装在钳体上。

制动时,制动液通过进油口进入制动油缸,推动活塞及其上的制动片向右移动,并压到制动盘上,使得油缸连同制动钳整体沿导向销向左移动,直到制动盘右侧的制动片也压到制动盘上夹住制动盘并使其制动,如图 5-7 所示。

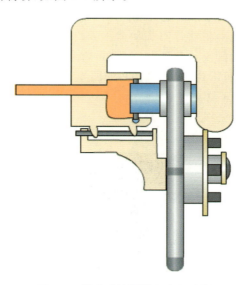

图 5-7　制动时的浮钳盘式制动器

完整的浮钳盘式制动器结构如图 5-8 所示。

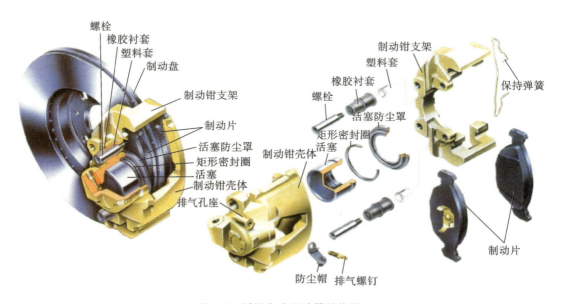

图 5-8　浮钳盘式制动器结构图

浮钳盘式制动器的特点:与定钳盘式制动器相反,浮钳盘式制动器轴向和径向尺寸较小,结构简单、造价低;浮钳盘式制动器热稳定性和水稳定性均好,制动液受热汽化的机会较少。此外,浮钳盘式制动器在兼作行车和驻车制动器的情况下,只需在行车制动钳油缸附近加装一些用以推动油缸活塞的驻车制动机械传动零件,故浮钳盘式制动器逐渐取代了定钳盘式制动器。

2) 盘式制动器的工作原理

当驾驶员踩下制动踏板时,制动踏板下方的主缸活塞会被推动,从而在封闭的液压系统中产生压力。这个压力通过制动液管道传递到每个车轮上的制动钳。制动钳内部有多个活塞,当受到压力时,活塞会推动制动片向制动盘压紧。制动盘固定在车轮上,随着车轮的转动而旋转。当制动片与制动盘接触并施加压力时,就会产生摩擦力,这个力作用于车轮,使车轮减速甚至停止转动,从而达到制动的目的,如图 5-9 所示。

图 5-9 盘式制动器

3) 盘式制动器的优缺点

(1) 优点。

①散热性能好。由于制动盘的形状有利于空气流通,所以在高速制动或连续制动时,热量可以迅速散发,避免过热导致的制动效能下降。

②制动效果稳定。盘式制动器的制动性能受温度影响较小,即使在高温环境下也能保持良好的制动效果。

③维护简便。由于结构相对简单,盘式制动器的维护和检查比较方便,更换磨损的制动片也比较容易。

④响应速度快。由于液体传递压力的特性,盘式制动器的反应时间短,制动响应迅速。

(2) 缺点。

①制造成本相对较高。相比于鼓式制动器,盘式制动器的制造成本更高,这在一定程度上增加了整车的成本。

②制动噪声较大。在某些情况下,特别是在潮湿或者砂石较多的路面上,盘式制动器可能会产生较大的噪声。

③制动扭矩分配不均。如果制动系统校准不当,可能会导致制动扭矩在左右轮之间分配不均,影响车辆的稳定性。

4）盘式制动器的拆装与检修

新能源汽车盘式制动器的拆装与检修过程与燃油汽车类似，但有一些特殊考虑因素，特别是涉及再生制动系统的集成。以下是其拆装与检修的详细步骤。

(1) 安全措施。

①确保车辆处于熄火状态，并断开电源，防止车辆意外启动。

②使用轮楔固定车轮，确保车辆稳定。

③穿戴适当的防护装备，如工作服、手套和护目镜。

(2) 拆卸轮胎。

使用合适的扳手松开轮毂螺栓，取下轮胎。

(3) 拆卸制动钳。

①松开制动钳支架上的固定螺栓或螺钉。

②小心地将制动钳从轮毂上拆下，避免制动钳或制动片脱落。

(4) 检查制动片。

①检查制动片的厚度和磨损情况，确保其符合制造商的规定。

②检查制动片表面是否平整，确保无严重磨损或裂纹。

(5) 清洁制动组件。

①使用制动系统专用清洁剂彻底清洁制动盘、制动钳和支架。

②清除制动盘上的所有锈迹、油污或刹车粉残留物。

(6) 检查制动盘。

①检查制动盘是否有热变形、裂纹或过度磨损。

②测量制动盘的厚度，确保其在允许范围内。

(7) 检查制动钳和支架。

①检查制动钳内部是否有异物堵塞，检查制动钳导向销是否有磨损或松动。

②检查支架是否有裂纹或腐蚀。

(8) 装配制动钳。

在清洁和检查完毕后，按照拆卸的相反顺序重新安装制动钳，确保所有螺栓或螺钉都拧紧到适当的扭矩。

(9) 装配轮胎。

将轮胎安装回轮毂，并按照规定的扭矩拧紧轮毂螺栓。

(10) 检查制动液。

对于带有液压制动系统的新能源汽车，应检查其制动液液位和质量，必要时添加或更换制动液。

(11) 测试制动系统。

在完成所有装配工作后，进行制动系统的测试，测试内容包括制动性能测试和制动系统的电子诊断检查。

(12) 道路测试。

在确保一切正常后，进行道路测试，以验证制动系统的性能和安全性。

温馨提示：在进行新能源汽车制动系统的拆装与检修时，要特别注意再生制动系统的部件，如电动机/发电机单元、控制电路等。确保这些部件的正确安装和功能完好，以保证再生制动系统的正常工作。此外，新能源汽车采用的电力系统为高压电系统，因此必须严格遵守电气安全规程，避免触电风险。如果不熟悉高压电系统，应由具备资质的专业人员进行相关操作。

在拆装与检修过程中需要注意以下事项。

（1）抬升车辆时应注意支点。

（2）在拆装过程中不要踩制动踏板。

（3）注意拆装顺序及各部件的相互关系。

（4）安装车轮前，应先补足制动液，对制动系统进行排气。

（5）制动盘、制动片在用砂纸打磨后装配。

5）新能源汽车盘式制动器的常见故障

（1）制动片磨损过度。

这是最常见的故障，可能导致盘式制动器制动性能下降，甚至可能引起盘式制动器制动失效。

（2）制动盘变形或损坏。

过热、异物嵌入或制造缺陷可能导致制动盘变形或损坏，影响制动效果。

（3）制动钳问题。

制动钳卡滞、漏油或导向销磨损都可能导致制动钳无法正常工作。

（4）制动液泄漏。

制动液泄漏会导致制动效能下降，严重时可导致制动失效。

（5）制动系统警告灯亮起。

这通常表明制动系统存在问题，需要立即检查。

（6）制动踏板异常行程或力度变化。

这可能是制动系统内部部件磨损或损坏造成的。

（7）制动系统噪声增加。

制动时发出的异常声音可能是制动片磨损、制动片被异物卡住或制动盘表面不平造成的。

（8）制动系统电子故障。

新能源汽车的制动系统高度依赖电子控制，因此任何电子故障都可能导致制动系统性能下降。

（9）再生制动系统故障。

新能源汽车特有的再生制动系统可能出现故障，如电动机/发电机单元损坏、控制电路损坏等，影响能量回收效率。

（10）制动系统部件老化。

长时间使用导致的制动系统部件老化，如密封件磨损、橡胶件硬化等，可能导致制动系统性能下降。

针对上述故障，应及时进行检查和维修，以确保新能源汽车的制动系统安全可靠。对于复杂的电子故障，建议由专业技术人员进行诊断和修复。

6）制动系统的检查

新能源汽车盘式制动器的保养周期可能会根据车辆制造商的推荐、驾驶习惯以及使用环境的不同而有所差异。保养周期可参考以下内容。

（1）全面检查。

建议每隔 10000～15000 km 进行一次制动系统的全面检查，包括制动片、制动盘、制动钳等关键部件的磨损情况。

（2）制动片更换。

制动片的更换周期通常为 30000～60000 km，这取决于制动片的材质和使用条件。有些高性能的制动片可能需要更换得更频繁。

（3）制动液更换。

制动液的更换周期一般建议为每两年或每 40000 km，但如果检测到制动液含水量超过厂家规定的标准，应立即更换。

（4）制动系统其他保养。

制动钳的润滑和清洁应根据实际情况进行，一般建议每隔一段时间（如每次更换机油时）进行一次。

制动盘的更换周期也应根据使用情况确定，如果发现制动盘有磨损或变形，应及时更换。需要注意的是，以上保养周期仅供参考，具体保养周期应以车辆制造商的建议为准。此外，新能源汽车的再生制动系统也需要定期检查和维护，以确保其正常工作。在日常使用中，应密切关注制动系统的表现，如有任何异常情况，应及时到专业维修店进行检查和处理。

7）盘式制动器在新能源汽车应用中面临的挑战

（1）热管理。

新能源汽车的再生制动系统在制动过程中会产生大量的热能，而盘式制动器的散热能力可能不足以应对这种高负荷工作状态，尤其是在频繁制动或下坡行驶时，可能导致制动效能下降，甚至损坏制动系统。

（2）重量与空间优化。

新能源汽车为了提高续航里程，对车辆重量和空间的利用极为敏感。盘式制动器虽然性能优越，但其部件相对较重，且占用的空间较大，这对追求轻量化和空间效率的新能源汽车设计构成挑战。

（3）成本控制。

高性能的盘式制动器通常成本较高，而新能源汽车市场竞争激烈，对成本控制有严格要求。制造商需要在保证制动性能的同时，控制其制造成本，以保持产品的市场竞争力。

（4）制动系统与动力系统的整合。

新能源汽车的动力系统与传统燃油汽车有所不同，特别是在能量回收和动力分配方面。盘式制动器需要与车辆的动力控制系统无缝集成，以实现高效的能量回收和优化的动力分配。

（5）环保法规的适应。

随着环保法规的日趋严格，新能源汽车的生产和使用需要满足更高的环保标准。盘式制动器的生产过程中需要使用环保材料，同时在使用过程中产生的废弃物也需要得到妥善处理。

（6）市场接受度。

尽管盘式制动器在新能源汽车中具有明显优势，但消费者对新技术的接受程度不一，部分消费者可能对新系统的性能和可靠性持怀疑态度，这要求制造商在推广新技术时进行有效的沟通。

（7）技术升级和维护。

随着新能源汽车技术的快速迭代，制动系统也需要不断升级以适应新的技术要求。同时，由于新能源汽车的维修保养网络尚不如传统汽车成熟，对盘式制动器的维护和服务提出了更高要求。

(8) 安全性考量。

新能源汽车的高压电系统增加了制动系统的安全风险。任何电气故障都可能导致严重的后果。因此，盘式制动器的设计必须确保在极端条件下的可靠性和安全性。

3. 鼓式制动器拆装与检修

1) 鼓式制动器的结构

新能源汽车鼓式制动器主要由以下几个核心部件组成。

(1) 制动鼓。制动鼓是鼓式制动器的主体部分，它固定在车轮上，内部有制动蹄和制动机构。当刹车时，制动蹄会向外扩张，压迫制动鼓内壁，产生摩擦力，从而达到减速或停车的目的。

(2) 制动蹄。制动蹄是安装在制动鼓内部的摩擦元件，由金属背板和摩擦材料制成。当踩下制动踏板时，制动蹄会被推动向外，与制动鼓内壁接触，产生摩擦力。

(3) 制动机构。制动机构包括制动蹄的支撑结构、弹簧、液压缸等部件。液压缸通过制动液传递驾驶员踩制动踏板的力，推动制动蹄向外扩张。弹簧等部件则负责将制动蹄拉回原位，以便下次制动。

(4) 制动调整机构。随着制动蹄的磨损，制动鼓的内径会变大，为了保持制动效果，需要定期调整制动蹄与制动鼓之间的间隙。制动调整机构可以自动或手动地完成这一过程。

(5) 制动液和液压系统。虽然鼓式制动器的工作原理与液压制动系统有所不同，但许多现代鼓式制动器仍然采用传统的液压系统来传递驾驶员的制动力。制动液通过管道连接各个部件，确保力的传递。

(6) 密封件。密封件用于防止制动液泄漏和外部污染物进入制动系统，保持制动系统内部的清洁和干燥。

(7) 支架。支架用于固定制动机构的各个部件，确保它们在工作时保持正确的位置和角度。

(8) 通风槽。在一些高性能的鼓式制动器中，可能会设计有通风槽，以帮助散热，减少因高温而导致的制动性能下降。

新能源汽车的鼓式制动器可能还会集成一些特定的电子控制单元，以实现与车辆的再生制动系统的协同工作。这些电子控制单元负责监测和调节制动过程，确保制动系统的高效和安全运行。

2) 鼓式制动器的工作原理

不制动时，制动蹄制动片的外圆面与制动鼓的内圆面保持一定的间隙，使车轮能自由旋转。鼓式制动器的结构如图 5-10 所示。制动时，驾驶员踩下制动踏板，推动推杆和主缸活塞，使制动主缸内的油液产生一定压力后进入制动轮缸，推动轮缸活塞，使制动蹄的上端张开，消除与制动鼓的间隙后紧压在制动鼓的内圆面上。这样，固定制动蹄与旋转制动鼓之间产生一个与车轮旋转方向相反的摩擦阻力矩。由于这个摩擦阻力矩的作用，车轮对路面产生一个切向作用力，根据作用力与反作用力的原理，路面同时会对车轮作用一个反作用力，即制动力。制动力迫使汽车迅速减速甚至停车。放松制动踏板后，在制动蹄回位弹簧的作用下，制动蹄与制动鼓的间隙又恢复，解除制动。

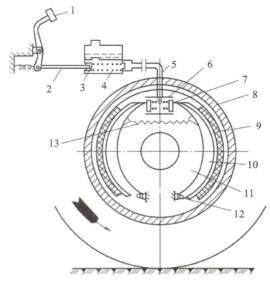

1—制动踏板;2—推杆;3—主缸活塞;4—制动主缸;5—油管;6—制动轮缸;7—轮缸活塞;
8—制动鼓;9—摩擦片;10—制动蹄;11—制动底板;12—偏心支承销;13—制动蹄回位弹簧

图 5-10 鼓式制动器结构图

鼓式制动器的剖面结构如图 5-11 所示。

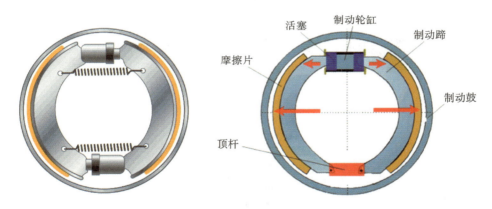

图 5-11 鼓式制动器剖面结构图

3)鼓式制动器的分类

(1)按制动蹄促动装置的形式不同,鼓式制动器可分为轮缸式、凸轮式和楔块式,如图 5-12 所示。

(2)按制动过程中两制动蹄产生制动力矩的不同,鼓式制动器可分为领从蹄式、双领蹄式、双向双领蹄式、双向从蹄式、单向自动增力式、双向自动增力式。

(3)鼓式制动器按照结构形式可分为简单非平衡式、平衡式、自动增力式。简单非平衡式主要为领从蹄式。平衡式分为双领蹄式、双向双领蹄式、双向从蹄式。自动增力式分为单向自动增力式、双向自动增力式。

① 简单非平衡式制动器。

简单非平衡式制动器的主要类型为领从蹄式制动器,按其两蹄张开的力源不同,分为液

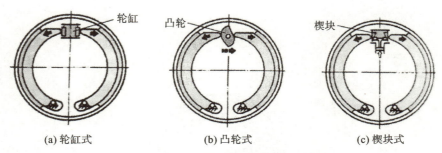

图 5-12　按制动蹄促动装置的形式分类

压张开式(轮缸式)和气压凸轮张开式(凸轮式)两种。领从蹄式制动器的结构如图 5-13 所示。其结构特点是两制动蹄的支撑点都位于蹄的一端,两支撑点与张开力作用点的布置都是轴对称式;轮缸中两活塞的直径相等。其剖面图如图 5-14 所示。

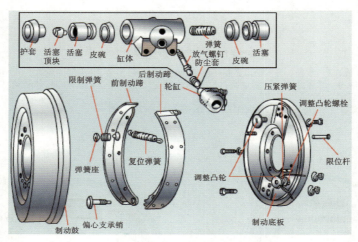

图 5-13　领从蹄式制动器的结构

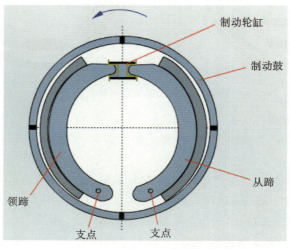

图 5-14　领从蹄式制动器剖面图

领从蹄式制动器制动原理及制动蹄受力简图如图 5-15 所示。虽然领蹄和从蹄所受的张力 F_S 相等,但两蹄所受到制动鼓的法向力却不相等,即 $F_{N1} > F_{N2}$,相应的有 $F_{T1} > F_{T2}$,故两制动蹄对制动鼓所施加的制动力矩是不相等的。在其他条件相同的情况下,领蹄(助势蹄)的制动力矩为减势蹄的 2~2.5 倍。故这种制动鼓所受来自两蹄的法向力不能互相平衡的制动器被称为非平衡式制动器。

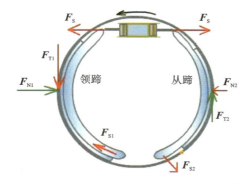

F_S—轮缸张力; F_{N1}、F_{N2}—法向反力; F_{T1}、F_{T2}—切向反力; F_{S1}、F_{S2}—支撑反力

图 5-15 制动原理及制动蹄受力简图

倒车制动时,因制动鼓旋转方向(摩擦力方向)的改变,原领蹄(助势蹄)变为从蹄(减势蹄),原从蹄(减势蹄)变为领蹄(助势蹄),但制动效能仍与汽车前进制动时相同。这一特点被称为制动器制动效能的对称。

领从蹄式制动器存在两个问题。

a. 在两蹄摩擦片工作面积相等的情况下,由于领蹄与从蹄所受法向反力不等,领蹄摩擦片上的单位压力较大,磨损较严重,两蹄寿命不等。为使两蹄摩擦片磨损均匀,寿命一致,可使前制动蹄摩擦片长于后制动蹄摩擦片。此时,应注意两蹄安装时不能互换位置。

b. 由于制动蹄对制动鼓施加的法向力不平衡,则两制动蹄法向力之和只能由车轮轮毂轴承的反力来平衡,这就对轮毂轴承造成了附加径向载荷,使其寿命缩短。

② 平衡式制动器。

如果制动器两蹄均为领蹄或均为从蹄,则两蹄施加给制动鼓的两个法向力互相平衡,这种制动器称为平衡式制动器。

a. 双领蹄式制动器。

双领蹄式制动器(图 5-16)与领从蹄式制动器在结构上主要有两点不相同。

图 5-16 双领蹄式制动器

Ⅰ.双领蹄式制动器的两制动蹄各用一个单活塞式制动轮缸,而领从蹄式制动器的两蹄共用一个双活塞式制动轮缸。

Ⅱ.双领蹄式制动器的两套制动蹄、制动轮缸、支承销在制动底板上的布置是中心对称的,而领从蹄式制动器中的制动蹄、制动轮缸、支承销在制动底板上的布置是轴对称的。

b.双向双领蹄式制动器。

与领从蹄式制动器相比,双向双领蹄式制动器在结构上有三个特点。

Ⅰ.双向双领蹄式制动器采用两个双活塞式制动轮缸。

Ⅱ.两制动蹄的两端都采用浮式支承,且支点的周向位置也是浮动的。

Ⅲ.制动底板上的所有固定元件的布置,如制动蹄、制动轮缸、回位弹簧等的布置都是成对的,既按轴对称布置,又按中心对称布置,如图5-17所示。

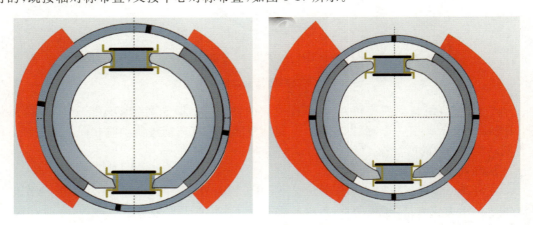

图5-17 双向双领蹄式制动器

c.双向从蹄式制动器。

前进制动时两制动蹄均为从蹄的制动器称为双向从蹄式制动器(图5-18)。这种制动器的结构与双领蹄式制动器很相似,二者的差异只在于固定元件与旋转元件的相对运动方向不同。虽然双向从蹄式制动器的前进制动效能低于双领蹄式制动器和领从蹄式制动器,但其制动效能对摩擦系数变化的敏感程度较小,即具有良好的制动效能稳定性。

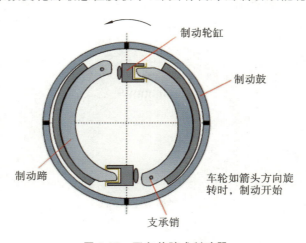

图5-18 双向从蹄式制动器

③自动增力式制动器。

a. 单向自动增力式制动器。

单向自动增力式制动器的结构如图 5-19 所示。第一制动蹄和第二制动蹄的下端分别支在浮动的顶杆的两端。汽车前进制动时,单活塞式制动轮缸将促动力 F_{S1} 加于第一制动蹄,使其压在制动鼓上。第一制动蹄是领蹄,在各力作用下处于平衡状态。顶杆是浮动的,将与力 F_{S1} 和摩擦力 f 大小相等、方向相反的促动力 F_{S2} 施于第二制动蹄。第二制动蹄也是领蹄。作用在第一制动蹄上的促动力和摩擦力通过顶杆传到第二制动蹄上,形成第二制动蹄促动力 F_{S2}。对第一制动蹄进行受力分析可知,$F_{S2} > F_{S1}$。因此,第二制动蹄的制动力矩必然大于第一制动蹄的制动力矩。故称该类型制动器为单向自动增力式制动器。倒车制动时,第一制动蹄的制动效能比一般领蹄的制动效能低,第二制动蹄则因未受促动力而不起制动作用。

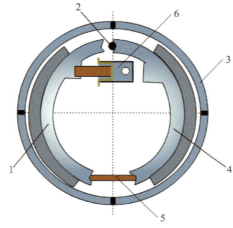

1—第一制动蹄;2—支点;3—制动鼓;4—第二制动蹄;5—顶杆;6—制动轮缸

图 5-19 单向自动增力式制动器的结构

b. 双向自动增力式制动器。

双向自动增力式制动器的结构如图 5-20 所示。制动鼓正向(如箭头所示)旋转时,前制动蹄为第一制动蹄,后制动蹄为第二制动蹄;制动鼓反向旋转时,情况相反。在制动时,第一制动蹄只受一个促动力 F_S;第二制动蹄则受两个促动力 F_S 和 S,且 $S > F_S$。考虑到汽车前进制动的机会远多于倒车制动,且前进制动时制动器工作负荷也远大于倒车制动,故后蹄的制动片面积较大。

双向自动增力式制动器的结构不同于单向自动增力式制动器之处在于它采用了双活塞式制动轮缸,可向两蹄同时施加相等的促动力。

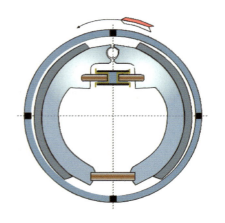

图 5-20 双向自动增力式制动器的结构

各种鼓式制动器各有利弊,就制动效能而言,在基本结构参数相同的条件下:自动增力式制动器 > 双领蹄式制动器 > 领从蹄式制动器 > 双向从蹄式制动器。

自动增力式制动器的构造较复杂,两制动蹄对制动鼓的法向力和摩擦力是不相等的,属于非平衡式制动器。在制动过程中,自动增力式制动器的制动力矩增长急促,制动平顺性差。此外,由于其制动依靠摩擦力,它对摩擦系数的依赖性很大,一旦自动增力式制动器沾水、沾油,制动效能将明显下降,制动性能将变得不稳定。

双向自动增力式制动器多用于轿车后轮,便于兼作驻车制动器;单向自动增力式制动器只适用于中、轻型汽车的前轮,因为倒车制动时对前轮制动器效能的要求不高。

领从蹄式制动器虽然制动效能较低,但有结构简单、制造成本低、制动效能受摩擦系数的影响相对较小、制动较平顺等优点,目前使用范围仍较广泛。

双领蹄式制动器的制动效能、制动稳定性及平顺性都介于领从蹄式制动器和双向从蹄式制动器之间,其特有优点是具有两个对称的制动轮缸,最宜布置双回路制动系统。

双向从蹄式制动器的制动效能虽然最低,但却具有最良好的效能稳定性,因此有少数名贵轿车为保证制动性能稳定而采用该制动器。

4)鼓式制动器的优缺点

新能源汽车鼓式制动器的优点包括以下内容。

(1) 成本较低。鼓式制动器通常成本较低,对于预算有限的消费者来说,这是一个吸引人的选择。

(2) 制动力矩大。鼓式制动器在低速或中等速度下可以产生较大的制动力矩。

(3) 自动增力制动效应。鼓式制动器在制动时会产生自增制动效应,即制动蹄在与制动鼓接触后会因摩擦力而产生向外扩张的趋势,这有助于维持制动压力,即使在制动踏板释放后也能保持一定的制动力。

(4) 结构简单、维护容易。鼓式制动器的结构相对简单,便于维修和更换零件。

(5) 良好的防尘性能。由于其封闭的设计,鼓式制动器在恶劣环境下(如尘土较多的路面)表现出较好的防尘性能。

(6) 节能。在新能源汽车中,再生制动系统可以回收部分动能,减少对传统摩擦制动系统的依赖,从而延长鼓式制动器的使用寿命。

然而,鼓式制动器也存在一些不足。

(1) 制动力矩有限。在高速制动或重载情况下,鼓式制动器的制动力矩可能不足以提供足够的制动力。

(2) 散热能力较差。由于该制动系统是封闭的,热量难以有效散发,长时间高强度制动可能导致鼓式制动器过热,影响制动性能,甚至可能导致制动失效。

(3) 维护检查不便。鼓式制动器的内部部件(如制动蹄和制动鼓)不易直接观察和检查,这可能增加维护的难度和成本。

(4) 再生制动系统的兼容性问题。新能源汽车的再生制动系统可能对鼓式制动器的工作产生影响,需要特别设计以确保两者能够协同工作。

(5) 制动性能的可调性差。相比盘式制动器,鼓式制动器的制动力和响应速度较难调整。

(6) 制动噪声问题。鼓式制动器在工作时可能产生较大的噪声,尤其是在制动片磨损或损坏时。

(7) 制动系统的升级难度。如果在未来对鼓式制动器进行升级,从鼓式制动器升级到盘式制动器可能涉及较大的改动和成本。

总体而言,新能源汽车鼓式制动器在成本和制动力方面有一定优势,但需要克服其在散热、维护和性能可调性方面的不足,以适应新能源汽车对制动系统的特殊要求。随着技术的发展,未来可能会有更多创新设计的鼓式制动器出现,解决现有问题并满足新能源汽车的发展需求。

5) 鼓式制动器的拆装与检修

(1) 准备工作。确保车辆停放在平坦、稳固的地面上。使用手刹或轮挡固定车轮,防止车辆移动。断开电瓶负极,防止电气设备意外启动。穿戴适当的防护装备,如手套和护目镜。使用轮胎扳手松开车轮螺栓螺母。

(2) 拆卸轮胎。使用合适的扳手松开轮毂螺丝。将轮胎从车辆上拆下来。将车继续支起,使轮胎离开地面,取下轮胎。

(3) 取出止推垫圈和轴承。取下轮毂盖,拆下开口销,拿下开槽垫圈,取下轴头螺栓,取出止推垫圈和轴承。

(4) 放松制动蹄和制动鼓。用螺丝刀通过制动鼓螺孔向上拨动楔形块,使制动蹄与制动鼓放松。

(5) 取下制动鼓,拆卸制动鼓。移除制动鼓周围的护罩或装饰件。使用拉拔器或冲击扳手轻轻敲击制动鼓的边缘,使其脱离轮毂。如果制动鼓非常紧固,可能需要使用专门的拆卸工具。

(6) 取下回位弹簧。用鲤鱼钳拆下压簧座圈,用手从下面的支架上提起制动蹄,取下回位弹簧。

(7) 取下制动蹄及手制动拉杆等。

6) 鼓式制动器的检修

鼓式制动器需要检修以下内容,如图 5-21 所示。

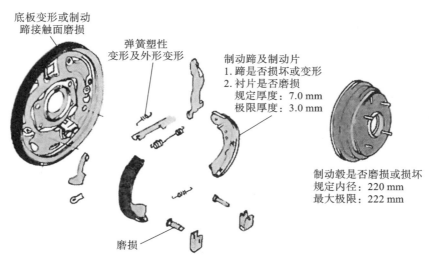

图 5-21 鼓式制动器的检修内容

(1) 检查制动底板。检查制动底板是否变形,检查制动蹄接触面是否有磨损、机械损伤等缺陷。如果有不良情况,应更换或修复制动底板。

(2) 检查各制动蹄回位弹簧。检查制动蹄回位弹簧是否有塑性变形、弹力下降或外形变形等损伤。如果有不良情况,应更换回位弹簧。

(3) 检查制动蹄制动片。检查制动蹄制动片表面是否龟裂、是否磨损，制动蹄是否有变形或裂纹等缺陷。如果有，应更换制动蹄制动片总成。若制动蹄制动片的厚度小于使用极限值，应予以更换。

(4) 检查制动毂。清洁制动毂表面，检查是否有裂纹，检查制动毂摩擦表面是否擦伤或有深槽痕。测量制动毂内径，检查其制动毂摩擦表面是否磨损。如果有裂纹或严重磨损，应予以更换。

7) 新能源汽车鼓式制动器的常见故障

新能源汽车鼓式制动器常见的故障主要包括以下几个方面。

(1) 制动效能下降。

这是最常见的故障，可能是制动片磨损、制动液泄漏或制动系统内部部件损坏导致的。

(2) 制动踏板异常。

如果制动踏板行程变长或者制动踏板变软，可能是制动液泄漏、空气进入系统或制动系统部件磨损所致。

(3) 制动时出现噪声。

制动时出现噪声，如吱吱声或摩擦声，可能是制动片磨损、异物卡在制动鼓内部或制动系统部件松动引起的。

(4) 制动过热。

长时间使用制动或在高温环境下行驶可能导致制动器过热，这会降低制动效能并可能导致制动失效。

(5) 制动失效。

在极端情况下，制动系统可能完全失效，这通常是制动液泄漏、制动管路断裂或关键部件损坏所致。

(6) 制动系统警告灯亮起。

现代汽车配备有电子故障检测系统，当制动系统出现问题时，仪表盘上的警告灯会亮起，提示驾驶员进行检查和维修。

(7) 制动踏板硬度增加。

如果制动踏板变得异常坚硬，可能是制动助力器失效或制动液压力不足导致的。

(8) 制动踏板位置变化。

制动踏板位置变化可能是制动系统内部部件松动或损坏所致。

(9) 制动系统泄漏。

制动系统的泄漏可能导致制动效能下降，严重时可能导致制动失效。

(10) 制动片或制动鼓表面不平。

由于磨损或制造缺陷，制动片或制动鼓表面可能变得不平整，影响制动性能。

对于新能源汽车来说，由于它拥有独特的制动系统设计（例如再生制动系统的集成），可能还会出现一些特定的故障，如再生制动系统的故障指示、制动能量回收效率下降等。在发现异常情况时，应立即停止使用车辆并寻求专业的维修服务，以确保行车安全。

8) 鼓式制动器在新能源汽车应用中面临的挑战

鼓式制动器在新能源汽车应用中面临的挑战主要包括以下内容。

(1) 再生制动系统的集成。

新能源汽车的再生制动系统能够回收部分制动能量，减少对传统摩擦制动系统的依赖。

鼓式制动器需要与再生制动系统协同工作,这要求制动系统具备更好的适应性和控制精度。

(2)制动性能要求。

新能源汽车在加速性能上有所提升,这要求制动系统能够提供足够的制动力来应对快速加速带来的挑战。

(3)热管理问题。

鼓式制动器在高温环境下的性能可能受到影响,而新能源汽车在高速行驶或频繁制动时可能产生大量热量。因此,新能源汽车需要有效的冷却系统来保持制动系统的工作温度。

(4)维护和耐久性。

新能源汽车面临更为苛刻的使用条件,如新能源汽车需要频繁地在城市中启动和停止,这对鼓式制动器的耐久性提出了更高要求。同时,由于新能源汽车的维护周期较长,对制动系统的维护和检查也需要更加便捷和高效。

(5)重量和空间优化。

新能源汽车对车辆重量和空间的要求较高,因为电池组已经占据了较大的重量和空间。鼓式制动器需要在保证性能的同时尽可能减轻重量和减小体积。

(6)环保法规和标准。

随着环保法规和标准的日益严格,新能源汽车的排放和能耗要求也在不断提高,这对鼓式制动器的材料和制造工艺提出了更高的要求。

(7)技术更新迭代。

随着新能源汽车技术的不断进步,新的制动技术和材料不断涌现,如电子控制的制动系统和新型摩擦材料。鼓式制动器需要不断更新和改进以适应这些新技术的发展。

(8)消费者接受度。

消费者对新能源汽车的制动性能和安全性有很高的期望,鼓式制动器需要在满足这些期望的同时,克服消费者对传统制动系统的固有印象。

(9)成本控制。

新能源汽车的成本敏感性较高,制造商需要在保证质量的前提下控制成本。鼓式制动器仍需要在成本控制方面进行优化,以满足新能源汽车市场的竞争需求。

(10)技术兼容性。

随着新能源汽车的智能化和网联化发展,鼓式制动器需要与车辆的其他系统(如车辆稳定控制系统、自动驾驶系统等)良好兼容,以实现更高级的功能和更好的驾驶体验。

面对这些挑战,鼓式制动器的制造商和新能源汽车生产商需要共同努力,通过技术创新和材料改进,提升鼓式制动器在新能源汽车中的应用性能和可靠性。同时,也需要加强消费者教育,提高消费者对鼓式制动器在新能源汽车中应用的认识和接受度。

4. 制动片更换与驻车制动系统检修

1)鼓式制动器制动片更换

更换新能源汽车制动片的过程通常包括以下步骤。

(1)准备工作。

①确保车辆停放在平坦的地面上,并使用轮楔固定车轮,防止车辆滑动。

②关闭发动机,断开电瓶负极电缆,以确保在更换过程中不会有电流通过制动系统。

③穿戴适当的防护装备,如手套和眼镜,以保护自己免受灰尘和其他潜在的有害物质伤害。

(2) 拆卸轮胎。

①使用合适的扳手松开轮毂螺丝,注意记录每个螺丝的原始扭矩值,以便后续重新安装时能够将其调整为正确的扭矩值。

②小心地将轮胎从轮毂上拆下来。

(3) 拆卸制动鼓。

①使用专用的拉拔器或冲击扳手轻轻敲击制动鼓的边缘,使其脱离轮毂。

②如果制动鼓非常紧固,可能需要使用额外的力量或特殊工具进行拆卸。在此过程中,要确保不对制动系统的其他部件造成损伤。

(4) 检查和清理。

①仔细检查制动鼓内部的制动片、制动蹄以及制动系统的其他部件,如有磨损或损坏应及时更换。

②清理制动鼓内外表面,确保无油污、灰尘和其他异物。

(5) 更换制动片。

①拆下旧的制动片,检查制动片背后的支架和弹簧是否完好无损。

②安装新的制动片,确保其位置正确、与制动鼓内壁紧密接触没有间隙。

③如果制动片带有电子传感器,确保传感器正确安装并与车辆的制动系统电子控制单元连接良好。

(6) 重新安装制动鼓。

①将清洁并检查过的制动鼓重新装回原位,确保其与轮毂对齐准确。

②使用扭矩扳手按照制造商推荐的扭矩值重新安装轮毂螺丝。

(7) 安装轮胎。

①将轮胎重新安装到轮毂上,并手动旋紧螺丝。

②使用扭矩扳手按照制造商推荐的扭矩值最终固定螺丝。

(8) 检查和测试。

①在完成所有安装工作后,检查制动系统是否有泄漏,并确保所有连接都牢固可靠。

②连接电瓶正极电缆,启动发动机,进行制动系统的测试,确保制动功能正常,没有异常声音或振动。

③进行路试,确保制动系统的性能符合预期,并且车辆的制动性能稳定可靠。

在制动片的整个更换过程中,务必遵循车辆制造商提供的指导手册和安全规程,如有必要,可以寻求专业的汽车维修技师的帮助。此外,更换制动片后,建议定期进行制动系统的维护和检查,以确保其长期的可靠性和安全性。

2) 盘式制动器制动片更换

(1) 准备工作。

①清洁工位、清点工具,保持场地、设备、工具干净、整齐及性能良好。

②安装好车轮挡块、使用空挡和驻车制动装置。

③安装好前栅格布和翼子板布及护套。

(2) 提升车辆。

使用千斤顶将车辆抬起,确保车辆稳定。

(3) 拆卸轮胎。

松开车轮螺栓螺母(拧紧力矩为 110 N·m)将轮胎拆下。

(4）拆卸滑动销。

拆下制动钳紧固螺栓,拆下 2 块带消音垫片的制动片,拆卸制动轮缸的滑动销,如图 5-22所示。

(5）检查制动片厚度。

用游标卡尺测量制动片厚度（图 5-23）。如果制动片厚度接近或达到极限值,应更换新零件。制动片的标准厚度为 14 mm,最小极限厚度为 2.5 mm。

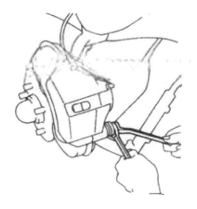

图 5-22 拆卸制动轮缸的滑动销

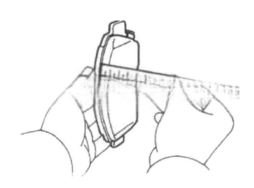

图 5-23 测量制动片厚度

(6）测量制动盘厚度。

用 3 个轮毂螺母临时安装制动盘,测量制动片的厚度,检查制动磨损指示器钢片,检查制动盘,使用干净棉纱将前轮制动盘的摩擦表面擦拭干净,用千分尺测量制动盘厚度（图 5-24）,制动盘的标准厚度为 20 mm,最小极限厚度为 18 mm。如果制动盘厚度小于极限值,应更换制动盘。

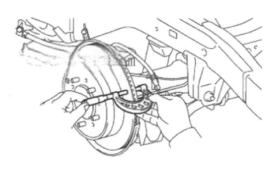

图 5-24 测量制动盘厚度

(7）拆下制动盘。

拆下制动盘时需注意在制动盘和轮毂上做记号。

(8）安装制动盘。

注意选择制动盘摆动量最小的位置进行安装,检查制动盘摆动量。具体安装步骤有以下内容。

①临时紧固制动盘,紧固力矩为 103 N·m。

②将百分表表座吸附在转向节的适当位置,测量制动盘端面摆动量。

③按拆卸相反顺序装配左右前轮及制动器。

(9) 结束工作。

取下驾驶室内的保护罩、翼子板上的护裙;擦拭发动机装饰罩;拆除护裙;关闭发动机机舱盖;清理工具和仪器;清洁地面卫生。

安装盘式制动器需要注意以下事项。

①在安装前,应用与主缸储液器内相同的液体把每个元件清洗干净,决不能用其他的液体或稀释剂清洗。

②在重新组装好制动管后,应进行排气操作。

3) 盘式制动器制动片更换注意事项

在进行新能源汽车制动片更换时,需要注意以下几个关键点。

(1) 确保安全。在开始工作之前,务必确保车辆停放在平坦、稳固的地面上,并使用轮楔固定车轮,防止车辆在工作过程中移动。断开电瓶负极电缆,以避免意外电击或电气短路。

(2) 选择合适的制动片。新能源汽车的制动系统可能与传统燃油汽车有所不同,因此在更换制动片时,必须确保选用专为新能源汽车设计的制动片,以确保与车辆的制动系统完美匹配。

(3) 检查制动系统其他部件。在更换制动片的同时,应检查制动系统的其他部件,如制动盘、制动钳、制动泵、制动液等,确保它们处于良好的工作状态。所有磨损或损坏的部件都应该一并更换或维修。

(4) 正确安装制动片。安装新制动片时,要确保其位置正确,与制动盘或制动鼓接触良好,没有间隙。使用适当的工具进行安装,避免因安装不当导致的制动性能下降。

(5) 检查制动系统的电子部件。对于配备电子驻车制动系统的新能源汽车,在更换制动片时,要特别注意检查相关的电子部件,如传感器、电线连接等,确保它们的完整性和正确性。

(6) 检查制动液。更换制动片后,应检查制动液的水平和质量,必要时补充或更换制动液。确保制动液符合车辆制造商的规定,并且没有污染。

(7) 制动系统的排气。在更换制动片后,可能需要对制动系统进行排气,以去除系统中的空气,确保制动系统的正常工作。

(8) 测试和调整。更换制动片后,应进行充分的测试,以确保制动系统的性能恢复正常。需要进行的测试包括对制动系统的功能测试和道路试驾,以验证制动效果和车辆的操控性能。

(9) 记录和维护。记录更换制动片的详细信息,包括日期、使用的配件型号、更换的原因等,这些信息对于未来的维护和故障排查非常重要。

(10) 遵守制造商指南。在更换制动片的过程中,应严格遵循车辆制造商提供的维修手册和指南,以确保操作的正确性和车辆的可靠性。

通过遵循上述注意事项,可以确保新能源汽车制动片更换工作的质量和安全性,延长制动系统的使用寿命,保障车辆的正常运行和乘客的安全。

4) 驻车制动系统检修

(1) 驻车制动系统的组成。

新能源汽车驻车制动系统主要由以下几个部分组成。

①驻车制动装置。

驻车制动装置包括驻车制动手柄(或脚踏)、驻车制动杆、驻车制动机构等。驾驶员通过操作驻车制动手柄或脚踏来激活或释放驻车制动系统。

②机械驻车制动系统。

机械驻车制动系统利用机械原理实现制动功能,如手刹杆通过钢索或杠杆机制直接作用于制动鼓或制动盘。

③电子驻车制动系统。

电子驻车制动系统通过电子控制单元控制电机来实现制动功能,无须驾驶员手动操作,提高了便利性和安全性。

④驻车制动锁定装置。

驻车制动锁定装置可以防止车辆在停放时意外移动。典型的驻车制动锁定装置有电子驻车制动系统中的电动机械锁定装置。

⑤监控系统。

该系统可以监测驻车制动系统的工作状态,并向驾驶员提供反馈,如指示灯或警告信息。

⑥相关连接件和线束。

相关连接件和线束包括用于连接各个部件的电线、插头、接头等,它们可以确保信号和电力的传输。

(2) 驻车制动系统的功能。

①防止车辆移动。

在停车时,驻车制动系统可以确保车辆稳定固定,防止因坡道等因素导致的车辆滑动或移动。

②辅助制动。

在紧急情况下,驻车制动系统可以配合主制动系统提供额外的制动力,帮助驾驶员控制车辆。

③安全保障。

驻车制动系统可以避免车辆在无人看管时意外启动或移动,确保车辆及周边人员的安全。

④方便操作。

驻车制动系统提供一键操作功能,简化了传统手刹的操作步骤,提高了驾驶舒适性。

(3) 驻车制动系统的分类。

①机械驻车制动系统。

这是一种传统的驻车制动系统,通常采用手刹杆和钢索或杠杆机制来实现制动功能。驾驶员通过拉动手刹杆来激活制动系统,通过机械力将制动蹄或制动片压紧在制动鼓或制动盘上,从而阻止车辆移动。这种系统结构简单,成本较低,但操作相对烦琐,且在紧急情况下可能不如电子驻车制动系统反应迅速。

②电子驻车制动系统。

电子驻车制动系统采用电子控制单元和电机来控制制动功能,无须驾驶员操作。驾驶员只需按下或滑动中控台上的按钮即可激活或释放驻车制动。这种系统提供了更多的便利性和安全特性,如自动解除功能,当驾驶员启动车辆时,系统会自动释放制动。此外,电子驻车制动系统还可以集成到车辆的动态控制系统中,提高车辆的整体安全性能。

新能源汽车的电子驻车制动系统通常还具备故障检测和报警功能,能够实时监测系统的工作状态,并在出现问题时向驾驶员发出警告。随着技术的发展,一些高端新能源汽车还配备了电子驻车制动系统与自动驾驶技术的结合功能,进一步提升了车辆的智能化水平和安全性。

(4) 驻车制动系统损伤形式。

① 机械驻车制动系统。

变形、裂纹、过度磨损、紧固连接件松动、制动器拉杆行程不合规。

② 电子驻车制动系统。

电机损坏、控制单元损坏、插接器连接松动。

(5) 驻车制动系统的检修流程。

① 视觉检查。

检查驻车制动系统的各个部件是否有明显的磨损、裂纹、腐蚀或变形。

② 功能测试。

测试驻车制动系统的操作是否流畅;确认电子驻车制动系统的指示灯和警告信息是否正常工作。

③ 紧固检查。

检查所有连接件和螺丝是否按照规定的扭矩值紧固,确保没有松动。

④ 制动效能检查。

对于机械驻车制动系统,检查制动蹄或制动片的磨损情况;对于电子驻车制动系统,确保电机和控制系统正常工作。

⑤ 故障诊断。

利用专业的诊断工具检查电子驻车制动系统是否有故障诊断代码,分析故障原因。

⑥ 维修或更换。

对于检查中发现的问题部件进行维修或更换,确保驻车制动系统的正常工作。

⑦ 道路测试。

在完成所有检修工作后,进行道路测试,确保驻车制动系统在实际使用中的性能和可靠性。

在检修过程中,应严格遵守车辆制造商的维修指南和安全规程,确保检修工作的准确性和安全性。

(6) 驻车制动系统故障案例。

① 驻车制动系统发出异响或者老化。这可能是由于固定螺钉松动、控制杆变形或固定销轴松动、控制杆弹簧损坏等造成自动驻车系统故障。其解决办法为去维修店检修或更换驻车制动系统。

② 制动片和制动鼓故障。如果自动驻车系统的制动片与制动鼓间隙过大,制动片和制动鼓上有油污或磨损严重,会导致铆钉露出表面硬化而造成打滑。其解决办法为去维修店清理,检修自动驻车系统的摩擦片和制动鼓,调整间隙到合适数值。

③ 电子驻车制动电脑模块故障。该故障的解决办法为去维修店检修或更换电子驻车制动电脑模块。

④ 系统电路故障。该故障的解决办法为去维修店检修。

学习任务三　电子控制制动系统检修

1. 新能源汽车电子控制制动系统的发展趋势

新能源汽车电子控制制动系统的发展趋势主要体现在以下几个方面。

1）智能化

随着人工智能和机器学习技术的发展，新能源汽车的电子控制制动系统将越来越智能化。系统将能够实时分析驾驶员的驾驶习惯、路况信息以及车辆的动态状态，自动调整制动策略，提供更舒适、更安全的驾驶体验。例如，通过预测性制动技术，系统可以提前预判潜在的碰撞风险，并自动采取措施减速或停车。

2）集成化

新能源汽车的电子控制系统将趋向于高度集成化，将制动系统、动力系统、底盘系统等多个子系统整合在一起，实现资源的最优配置和能量的高效利用。例如，再生制动系统与传统摩擦制动系统的深度融合，可以在制动过程中实现能量的高效回收，同时保证制动性能的稳定。

3）轻量化

为了提高新能源汽车的能效，新能源汽车需要减轻车辆重量。因此，电子控制制动系统的材料和设计将趋向于轻量化，如使用高强度轻质材料制造制动部件，同时优化系统的结构设计，以减少不必要的重量。

4）模块化

模块化设计有助于简化生产流程，降低制造成本，同时提高系统的可维护性和可升级性。新能源汽车的电子控制制动系统将采用模块化设计，方便未来的维修和升级。

5）无线通信技术

随着车联网技术的发展，新能源汽车的电子控制制动系统将支持更广泛的无线通信标准，如 V2N 通信。这将使车辆能够与外部环境进行实时交互，提升道路安全和交通效率。

6）个性化定制

消费者对于驾驶体验的个性化需求日益增长，电子控制制动系统将提供更多的自定义选项，如调整再生制动的强度、制动响应时间等，以满足不同驾驶员的偏好。

7）安全性提升

安全始终是汽车行业的首要任务。新能源汽车的电子控制制动系统将采用更先进的安全技术，如冗余系统设计、故障自诊断和远程监控，以确保系统的可靠性和乘客的安全。

8）可持续发展

新能源汽车的发展符合可持续发展的理念，因此其电子控制制动系统的材料和制造过程也将注重环保和可持续性，如使用可回收材料和节能生产工艺。

总之，新能源汽车电子控制制动系统的发展将朝着智能化、集成化、轻量化、模块化、无线化、个性化、安全化和可持续化的方向发展，以适应市场需求和技术进步。

2. 新能源汽车电子控制制动系统简介

新能源汽车电子控制制动系统是一种高度集成化的汽车制动技术，它不仅整合了传统汽车的摩擦制动系统,还巧妙地将再生制动系统融入其中,以提高整体制动效率和能量利用率。该系统通过精密的电子控制单元来实现对制动过程的精确控制,确保车辆在各种行驶条件下都能保持稳定和安全。

系统的核心部件包括真空助力泵、真空罐、连接管路、刹车助力器、电子控制单元、再生制动系统、传感器和线束等。

(1) 真空助力泵。

真空助力泵是整个系统的动力源,它利用电动马达驱动,产生稳定的真空压力,减轻驾驶员踩刹车时的踏板力。

(2) 真空罐。

真空罐用来储存真空压力,以便在需要时释放这些压力。

(3) 刹车助力器。

连接管路将真空泵产生的真空压力传输到刹车助力器,而刹车助力器则利用这个压力产生机械能,推动制动系统的各个部件工作。

(4) 电子控制单元。

电子控制单元是系统的大脑,它接收和处理来自车辆各个传感器的信号,如车轮速度传感器、刹车踏板位置传感器等,根据这些信息判断当前的制动需求。然后,电子控制单元会计算出最合适的制动策略,控制真空泵的启停和工作状态,以及再生制动系统的能量回收效率。

(5) 再生制动系统。

再生制动系统是新能源汽车电子控制制动系统的独有部件。它利用电机在制动过程中作为发电机,将车辆的动能转换为电能,存储回电池中,从而增加车辆的续航里程。这种能量回收机制不仅提高了能源的利用效率,还有助于减少对传统燃油资源的依赖。

随着新能源汽车市场的快速发展,电子控制制动系统也在不断创新和完善。制造商们正致力于提高电子控制制动系统的可靠性和耐久性,以适应更加苛刻的使用环境。同时,随着电子技术和软件算法的进步,未来的电子控制制动系统有望实现更高级的功能,如自动泊车、远程监控等,为驾驶员提供更加便捷和安全的驾驶体验。

总之,新能源汽车电子控制制动系统是新能源汽车技术领域的重要突破,它通过整合和优化传统制动系统与再生制动功能,实现了制动效率和能源利用效率的双重提升。随着技术的不断进步,我们有理由相信,未来的新能源汽车将拥有更加出色的制动性能和更长的续航里程。

3. 新能源汽车电子控制制动系统结构

新能源汽车电子控制制动系统主要由真空助力器、ABS控制器、电动真空泵以及车轮制动器等部件组成。新能源汽车的电动真空助力系统包括电动真空泵、真空罐和真空压力传感器。电动真空泵用12 V电压驱动,通过ABS控制器控制其工作。电子控制制动系统如图5-25所示。

1) 防抱死制动系统概述

(1) 定义。防抱死制动系统(ABS)是指在汽车原有的制动系统基础上加装一些电子控制系统的系统。

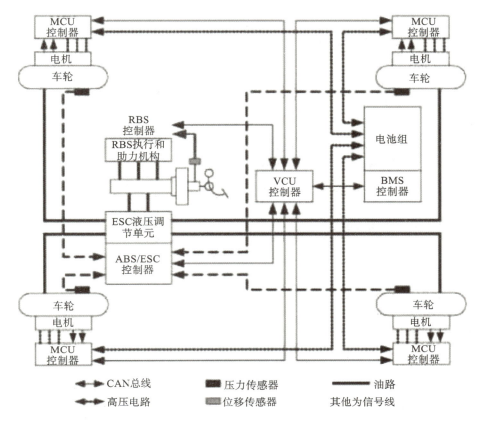

图 5-25 电子控制制动系统

通常,汽车在制动过程中存在着两种阻力。①制动器制动片与制动鼓或制动盘之间产生的摩擦阻力,这种阻力称为制动系统的阻力,即制动系统制动力。②轮胎与道路表面之间产生的摩擦阻力,也称为轮胎-道路附着力。如果制动系统制动力小于轮胎-道路附着力,则汽车在制动时会保持稳定状态;反之,如果制动系统制动力大于轮胎-道路附着力,则汽车在制动时会出现车轮抱死和滑移。

防抱死制动系统通过控制作用于车轮制动分泵上的制动管路压力,使汽车在紧急制动时车轮不会完全抱死,这样就能使汽车在紧急制动时仍保持较好的方向稳定性。没有装备防抱死制动系统的汽车如果在雪地上制动,汽车很容易失去方向稳定性。反之,如果汽车上装备有防抱死制动系统,则防抱死制动系统能自动向液压调节器发出控制指令,控制制动器的制动压力,从而能更迅速、准确而有效地控制制动,如图 5-26 所示。

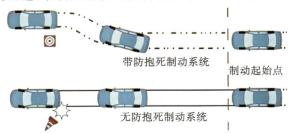

图 5-26 防抱死制动系统制动效果图

(2)防抱死制动系统的组成。该系统由轮速传感器、ABS 控制器、电子控制单元等组成,如图 5-27 所示。

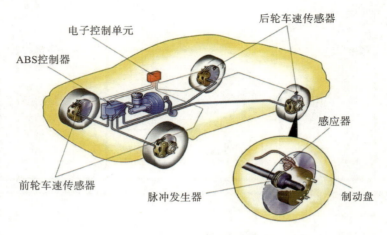

图 5-27 防抱死制动系统结构示意图

(3)轮速传感器的作用。轮速传感器是检测车轮的速度并将速度信号输入电子控制单元的结构,如图 5-28 所示。

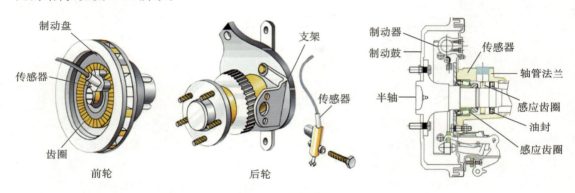

图 5-28 轮速传感器结构示意图

(4)轮速传感器的分类。

轮速传感器的分类如图 5-29 所示。

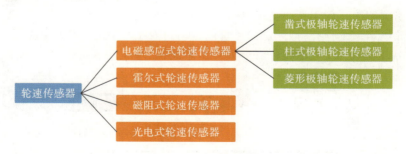

图 5-29 轮速传感器的分类

①电磁感应式轮速传感器。

目前,大多数轮速传感器是电磁感应式轮速传感器。电磁感应式轮速传感器由传感器头和齿圈组成。电磁感应式轮速传感器按传感器头外形可分为凿式极轴轮速传感器、柱式极轴轮速传感器和菱形极轴轮速传感器。电磁感应式轮速传感器的结构如图5-30所示。

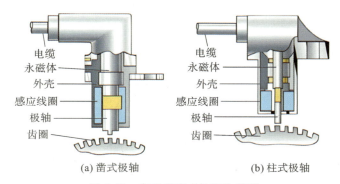

图5-30 电磁感应式轮速传感器

该传感器利用电磁感应原理,通过线圈感应来自齿圈的磁通量变化来测量轮速。其计算公式为:

$$f = \frac{Z \cdot n}{60}$$

式中,Z为齿轮齿数;n为齿轮的转数;f为轮速,其单位为rad/min。

②霍尔式轮速传感器。

霍尔式轮速传感器通过检测车轮旋转时产生的磁场变化来测量轮速,如图5-31所示。

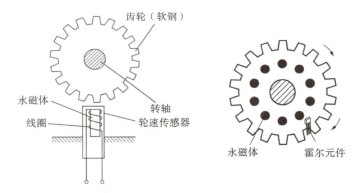

图5-31 霍尔式轮速传感器

③磁阻式轮速传感器。

磁阻式轮速传感器利用磁阻效应来测量轮速,通常由多个磁阻元件组成,如图5-32所示。

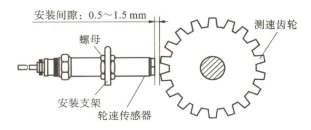

图5-32 磁阻式轮速传感器

④光电式轮速传感器。

光电式轮速传感器利用光敏元件来捕捉光线反射或透射时的变化,进而计算轮速,如图 5-33 所示。

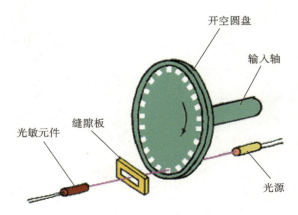

图 5-33 光电式轮速传感器

(5) 加速度传感器。

①压电式加速度传感器。压电式加速度传感器属于惯性式传感器。原理是利用压电陶瓷或石英晶体的压电效应,在加速度计受振时,质量块加在压电元件上的力也随之变化。当被测振动频率远低于加速度计的固有频率时,则力的变化与被测加速度成正比。压电式加速度传感器如图 5-34 所示。

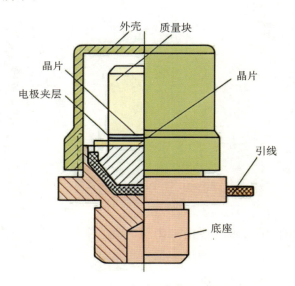

图 5-34 压电式加速度传感器

②压阻式加速度传感器。压阻式加速度传感器具有体积小、低功耗等特点,易于集成在各种模拟和数字电路中,广泛应用于汽车碰撞实验、测试仪器、设备振动监测等领域。压阻式加速度传感器如图 5-35 所示。

③电容式加速度传感器。电容式加速度传感器是基于电容原理的极距变化型的传感器。电容式加速度传感器如图 5-36 所示。

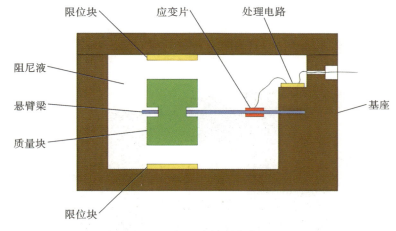

图 5-35 压阻式加速度传感器

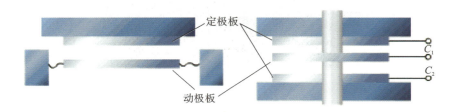

(a) 基本的变间隙型电容式加速度传感器　(b) 差动结构的变间隙型电容式加速度传感器

图 5-36 电容式加速度传感器

④伺服式加速度传感器。伺服式加速度传感器的振动系统质量块上接有一个电磁线圈,当基座上有加速度输入时,质量块偏离平衡位置,该偏离位移由位移传感器检测经放大后转换为电流输出,该电流流过电磁线圈,在磁场中产生电磁恢复力,使质量块保持在仪表壳体中原来的平衡位置上。伺服式加速度传感器在闭环状态下工作,具有动态性能好、动态范围大和线性度好等特点。伺服式加速度传感器如图 5-37 所示。

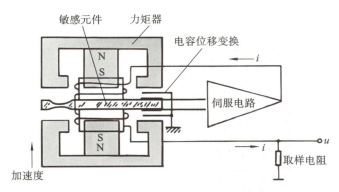

图 5-37 伺服式加速度传感器

（6）电子控制单元。

电子控制单元是防抱死制动系统的控制中心。电子控制单元由输入电路、数字控制器、输出电路和警示电路组成。它的主要任务是连续监测接收各轮速传感器送来的脉冲信号,并进行测量比较、分析放大和判别处理,计算出车轮转速、车轮减速度以及制动滑移率,再进行逻辑比较分析各车轮的制动情况,一旦判断出车轮将要抱死,它立刻进入防抱死控制状态,通过电子控制单元向液压单元发出指令,以控制制动轮缸油路上电磁阀的通断和液压泵的工作来调节制动压力,防止车轮抱死。其实物如图5-38所示。

图 5-38　电子控制单元实物图

（7）制动压力调节器。

制动压力调节器的功用是接收来自电子控制单元的控制指令,自动控制制动压力的增、减,它是防抱死制动系统的执行器。其控制指令传递路径如图5-39所示。其实物图如图5-40所示。

图 5-39　制动压力调节器控制指令

图 5-40　制动压力调节器实物图

2）防抱死制动系统的工作过程

（1）循环式制动压力调节器。

循环式制动压力调节器由储液器、电磁阀、液压泵和电动机等部件组成。循环式制动压力调节器直接装在汽车原有的制动管路中，通过串联在制动主缸和制动轮缸之间的三位三通电磁阀直接控制轮缸的压力，它可以使轮缸的工作处于升压状态、减压状态或保压状态。三位三通电磁阀中三位是指电磁阀有三个不同位置，分别控制轮缸制动压力的增、减或保压；三通是指电磁阀上有三个通道，分别通制动主缸、制动轮缸和储液器。

其各部件功能如下。

①储液器。电磁阀在减压时，从轮缸流出的制动液由储液器暂时储存。

②液压泵。电磁阀在减压时，从制动轮缸流出的制动液经储液器由液压泵泵回制动主缸。

③电磁阀。电磁阀有 3/3、2/2 等多种类型。电磁阀由电子控制单元控制，能够实现升压、保压、减压三种状态。其结构如图 5-41 所示。

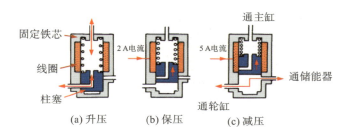

图 5-41　电磁阀基本结构图

循环式制动压力调节器的制动过程如下。

①升压工作状态。

开始制动时，驾驶员踩制动踏板，制动压力由制动主缸产生，电磁阀不通电，阀芯（柱塞）处于最下方，电磁阀将制动主缸与制动轮缸联通，并将通向储液器的通道关闭，防抱死制动系统不参与控制，整个过程和常规液压制动系统相同，制动压力随踏板力上升不断上升。此时电磁阀不通电，防抱死制动系统不工作，液压泵也不工作。其升压工作状态如图 5-42 所示。

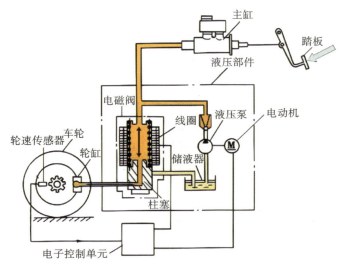

图 5-42　循环式制动压力调节器升压工作状态

② 保压工作状态。

当驾驶员继续踩制动踏板,油压继续升高到使车轮出现抱死趋势时,防抱死制动系统的电子控制单元控制电磁阀通较小的电流(2 A),使柱塞上移,将通向制动主缸、制动轮缸和储液器的三个通道全部关闭,此时电磁阀处于"保压"位置,系统制动油压保持不变,此时防抱死制动系统工作,液压泵不工作。其保压工作状态如图5-43所示。

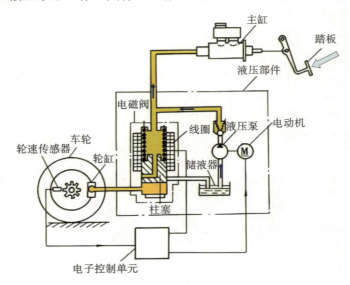

图 5-43　循环式制动压力调节器保压工作状态

③ 减压工作状态。

若制动压力保持不变,车轮有抱死趋势时,防抱死制动系统的电子控制单元控制电磁阀通较大的电流(5 A),电磁阀带动柱塞移动至最上端,将制动轮缸和储液器联通,并将通向制动主缸的通道关闭,此时电磁阀处于"减压"位置,有抱死趋势的车轮被释放,车轮转速开始上升。与此同时,电动液压泵开始启动,将制动液由储液器送至制动主缸,为下一制动过程做好准备。此时防抱死制动系统工作,液压泵工作。其减压工作状态如图5-44所示。

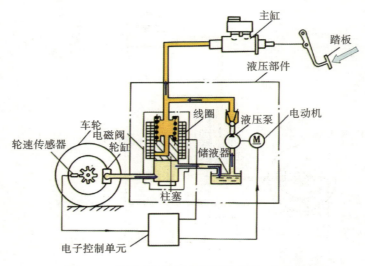

图 5-44　循环式制动压力调节器减压工作状态

（2）可变容积式制动压力调节器。

可变容积式制动压力调节器由控制活塞、储液器、电磁阀、液压泵和电动机等部件组成。可变容积式制动压力调节器与汽车的制动管路并联，通过电磁阀控制制动轮缸的移动，从而控制从单向阀到制动轮缸的容积大小变化，可以使轮缸的工作处于升压状态、减压状态或保压状态。

可变容积式制动压力调节器的制动过程如下。

① 升压工作状态。

开始制动时，驾驶员踩踏制动踏板，单向阀打开，连通制动主缸和制动轮缸；此时由于滑移率小于20%，电磁阀不通电，电磁阀中的柱塞位于最左端，将液压控制活塞一端的工作腔与储液器接通。控制活塞处于左端极限位置。此时防抱死制动系统不工作，电磁阀不通电，液压泵不工作，为升压工作状态，如图5-45所示。

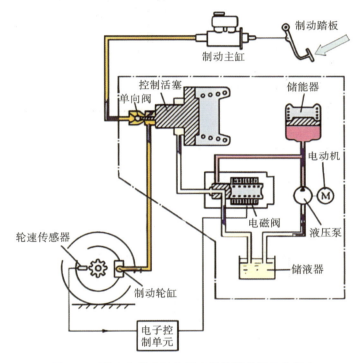

图 5-45　可变容积式制动压力调节器升压工作状态

② 保压工作状态。

当滑移率等于20%，需要保持制动轮缸的压力，电子控制单元发出指令，给电磁阀通一个较小的电流。电磁阀中的柱塞处于中间位置，将通向储能器、控制活塞和储液器的管路全部关闭。控制活塞在制动油压的作用下，右移至中间某一位置，此时，控制活塞左腔与右侧的复位弹簧平衡，压力不再发生变化，单向阀处于关闭位置，轮缸的制动压力保持不变。此时，防抱死制动系统工作，电磁阀通一较小电流，液压泵不工作，处于保压工作状态，如图5-46所示。

③ 减压工作状态。

当滑移率大于20%，需要减小制动轮缸的压力，电子控制单元发出指令，给电磁阀通一个较大的电流。电磁阀中的柱塞处于最右侧位置，将通向储能器、控制活塞的管路打开，通向储液器的管路仍然关闭。此时，液压泵工作，控制活塞在储能器和液压泵油压的作用下，右移至最右侧位置。由于控制活塞的右移，原本从单向阀至制动轮缸的封闭系统的容积增加，压力下降，进而使得轮缸的制动压力减小。此时，防抱死制动系统工作，电磁阀通较大电

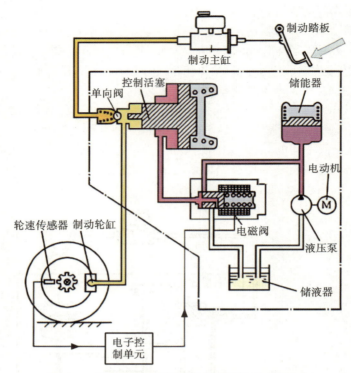

图 5-46 可变容积式制动压力调节器保压工作状态

流,液压泵工作,处于减压工作状态,如图 5-47 所示。

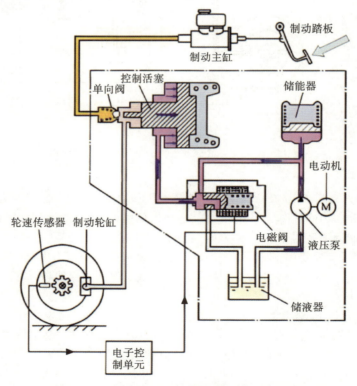

图 5-47 可变容积式制动压力调节器减压工作状态

3）防抱死制动系统的工作特性

(1) 制动踏板体感。当车辆停车时，制动踏板应有海绵般的感觉。

(2) 防抱死制动系统起作用的车速范围。当汽车时速低于 8 km/h 时，防抱死制动系统自动关闭，不起作用。所以，在紧急制动停车的最后阶段，车轮抱死是正常的。

(3) 轮胎制动痕迹。在没有防抱死制动系统控制下紧急制动时，车轮完全抱死，会在干燥的路面上留下黑色的轮胎拖痕。在有防抱死制动系统作用下紧急制动时，车轮会在公路上留下显而易见的轻微斑纹痕迹。

4）防抱死制动系统的优点

(1) 制动距离短。防抱死制动系统通过防止车轮在紧急制动时抱死，使车轮保持在滚动状态，从而缩短制动距离。在湿滑路面上，防抱死制动系统可以防止车轮打滑，使车辆更快地停下来。

(2) 防止轮胎过度磨损。防抱死制动系统可以减少轮胎与地面的摩擦，防止车轮在制动时过度磨损，延长轮胎的使用寿命。

(3) 提高制动时的稳定性。防抱死制动系统可以保持车辆在制动时的稳定性，防止车辆侧滑和失控。在紧急制动时，防抱死制动系统可以保持车辆的方向控制，提高驾驶安全性。

(4) 使用方便、工作可靠。防抱死制动系统自动工作，无须驾驶员操作。它能够在紧急制动时快速响应，提高驾驶员的信心和安全感。

(5) 提高驾驶安全性。防抱死制动系统在紧急制动时可以保持车辆的稳定性，降低事故风险，提高驾驶安全性。

(6) 提高舒适性。防抱死制动系统可以减少紧急制动时的颠簸感，使驾驶更加舒适。

(7) 与其他系统协同工作。防抱死制动系统可以与车辆的其他系统（如电子稳定程序）协同工作，进一步提升驾驶安全。

(8) 适应性。防抱死制动系统能够适应不同的路面条件，如湿滑、泥泞或冰雪路面，提供更好的制动效果。

5）防抱死制动系统的控制原理

(1) 滑移率与附着系数。

车轮制动时，附着系数 φ 与滑移率 s 之间的关系如图 5-48 所示。

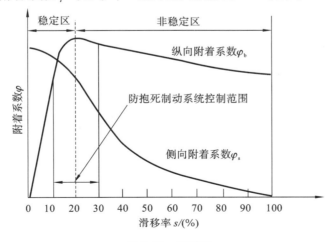

图 5-48　滑移率

由图5-48可知,通过对制动压力的控制,防抱死制动系统使车轮制动时的滑移率始终保持在10%~30%之间,使汽车制动时与地面的纵向附着系数始终保持在峰值附近以充分利用地面的制动力,使侧向附着系数保持在较高的水平以提供足够的转向能力。

(2) 防抱死制动系统控制策略。

防抱死制动系统控制策略主要有逻辑门限值控制、最优控制和滑动模态变结构控制等,目前绝大多数防抱死制动系统采用逻辑门限值控制。

逻辑门限值控制通常是将车轮的减速度(或角减速度)和加速度(或角加速度)作为主要控制门限,而将车轮滑移率作为辅助控制门限。防抱死制动系统控制策略如图5-49所示。

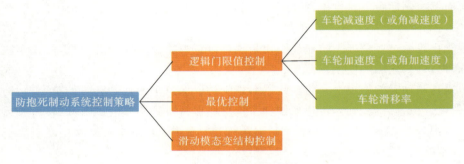

图5-49 防抱死制动系统控制策略

(3) 控制通道。

控制通道指防抱死制动系统中能够独立进行制动压力调节的制动管路。

其控制方式可分为以下几类。

①如果对单个车轮的制动压力进行调节,则称这种控制方式为独立控制。

②如果对两个(或两个以上)车轮的制动压力同时进行调节,则称这种控制方式为同时控制。

③如果在对两个车轮的制动压力进行控制的同时,以附着力较大的车轮不发生制动抱死为原则进行制动压力调节,则称这种控制方式为高选择方式控制。

④如果以附着力较小的车轮不发生制动抱死为原则进行制动压力调节,则称这种控制方式为低选择方式控制。

按照控制通道数目的不同,防抱死制动系统分为四通道、三通道、双通道和单通道四种形式。考虑到成本的原因,目前汽车上三通道防抱死制动系统使用较多。常见的控制通道如图5-50、图5-51所示。

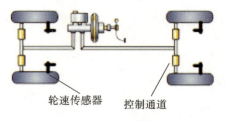

图5-50 四传感器四通道

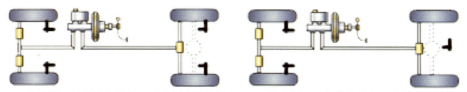

(a) 四传感器三通道/前轮独立，后轮低选择控制　　(b) 三传感器三通道/前轮独立，后轮低选择控制

图 5-51　四传感器三通道和三传感器三通道

4. 纯电动汽车的制动系统与传统汽车的区别

纯电动汽车的制动系统与传统汽车的制动系统在多个方面存在显著差异，其中最主要的区别就是制动助力系统的工作原理和能源来源。

1）传统汽车的制动助力系统

传统汽车的制动助力系统主要依赖真空助力泵，该装置利用发动机吸气时产生的真空压力来辅助驾驶员踩制动踏板。当驾驶员踩下制动踏板时，真空助力泵会减小制动系统内部的压力，从而降低踩制动踏板所需的力量，使驾驶员更容易施加足够的制动力。

2）纯电动汽车的制动助力系统

纯电动汽车由于缺乏内燃机产生的真空压力，通常采用电子真空助力泵作为制动助力系统的核心部件。电子真空助力泵由电力驱动，它在需要时提供稳定的真空助力，协助驾驶员踩制动踏板。这种设计使得纯电动汽车在不运行发动机的情况下依然能够保持制动助力系统的正常工作。

3）再生制动系统的集成

除了电子真空助力泵，纯电动汽车还配备了再生制动系统。再生制动系统将车辆在减速过程中产生的动能转换为电能，回馈到电池组中，从而提高能量利用效率并延长续航里程。这一点是传统汽车制动系统所不具备的。

4）制动系统的智能控制

纯电动汽车的制动系统通常与车辆的其他控制系统（如电子稳定程序、牵引力控制系统等）高度集成，能够实现更精确的制动力分配和车辆动态控制。这种集成化的控制策略有助于提高车辆在各种路况下的安全性和稳定性。

5）维护和耐久性

由于再生制动系统的加入，纯电动汽车的制动片会比传统汽车磨损得慢，因为部分制动力是通过电机回收实现的而不是完全依靠摩擦制动实现的。此外，电子真空助力泵的使用也减少了对发动机真空压力的依赖，降低了维护需求。

纯电动汽车的制动系统通过集成再生制动和电子真空助力泵，不仅提高了能源利用效率，而且增强了车辆在不同驾驶条件下的制动性能。这些创新使得纯电动汽车在制动系统方面具有明显的优势。随着技术的不断进步，未来纯电动汽车的制动系统将继续朝着更高效、更智能的方向发展。

5. 电动汽车真空助力系统的组成

电动汽车真空助力系统主要由以下几个关键组件组成。

1）真空罐

真空罐是一个密封的容器，用于维持一定的真空压力。在电动汽车中，真空罐通常替代了传统汽车中由发动机产生真空压力的功能。真空罐内部装有真空密封的橡胶膜,当真空泵工作时,橡胶膜会被压缩,维持真空压力。在需要提供刹车助力时,真空罐内的真空压力会被释放出来,帮助减轻驾驶员踩制动踏板的力度。

2)电子真空助力泵

电子真空助力泵是电动真空助力系统的核心部件,它的作用是产生和维持真空罐内的真空压力。电子真空助力泵通常由电动马达驱动,通过机械动作(如旋转叶片)将空气抽出,从而在真空罐中形成负压。在电动汽车中,电子真空助力泵通常由车辆的高压电池供电,因此它的工作不依赖发动机的运转。

3)电子真空助力泵控制器

电子真空助力泵控制器是一个电子控制模块,它负责管理电子真空助力泵的启停和运行状态。电子真空助力泵控制器接收来自车辆各个传感器的信号,如制动踏板位置传感器、真空罐压力传感器等,根据这些信息判断是否需要启动电子真空助力泵以及控制电子真空助力泵的工作频率和功率。电子真空助力泵控制器还负责监控电子真空助力泵的温度和工作状态,确保其在最佳的工作范围内运行。

4)连接管路

连接管路用于将电子真空助力泵产生的真空传输到真空罐以及将真空罐的真空能量输送到刹车助力器。这些管路必须具有良好的密封性能,以防止真空泄漏,确保系统的有效运作。

5)刹车助力器

刹车助力器是一个机械装置,它利用真空压力来放大驾驶员踩制动踏板时的力。当驾驶员踩下制动踏板时,真空助力系统内部的活塞会在真空压力的作用下移动,减少驾驶员需要施加的力,从而使刹车系统更容易操作。

6)制动系统

制动系统包括制动踏板、制动钳、制动片和制动盘等部件。当驾驶员踩下刹车踏板时,刹车系统会根据接收到的信号和力量,通过摩擦作用将车辆的动能转换为热能,实现减速或停车。

7)电子控制单元

在一些高级的电动汽车中,电子控制单元可能会集成更多的功能,如与车辆的其他控制系统(如防抱死制动系统、电子稳定程序等)的协同工作,以及对再生制动系统的控制等。

8)传感器

传感器是系统收集信息的关键组件,它们监测系统的工作状态并将数据反馈给电子真空助力泵控制器和电子控制单元。常见的传感器包括真空压力传感器、制动踏板位置传感器等。

9)接口和线束

接口和线束用于连接系统的各个部件,确保信号和电力的正确传输。

这些组件共同工作,确保电动汽车在没有内燃机产生真空的情况下也能提供有效的刹车助力,同时实现能量的回收和利用。随着电动汽车技术的不断发展,这些系统可能还会包括更多先进的功能并拥有更高的集成度。

6. 电动汽车真空助力系统的工作过程

电动汽车真空助力系统的工作过程如下。

(1) 电源供应。当点火开关打开时,电池向电子真空助力泵供电。

(2) 真空产生。电子真空助力泵启动后,通过其内部的机械运动产生负压(真空)。

(3) 助力作用。驾驶员踩下制动踏板时,电子真空助力泵产生的真空压力通过管道传输到刹车助力器。

(4) 刹车助力器工作。刹车助力器内部的活塞在真空压力的作用下移动,减少驾驶员需要施加的力,放大踩制动踏板的力。

(5) 制动力传递。放大后的力通过制动系统传递到制动钳,使制动片与制动盘或制动鼓接触,产生摩擦力,从而达到减速或停车的目的。

(6) 能量回收(再生制动)。在某些纯电动汽车中,当驾驶员踩下制动踏板时,除了上述的真空压力作用,再生制动系统也会被激活。此时,电动汽车的电动机切换到发电模式,将车辆的动能转换为电能,回馈到电池组中。

(7) 制动系统的智能控制。现代纯电动汽车的制动系统通常与车辆的电子稳定程序等控制系统紧密集成,可以根据车辆的速度、刹车力度、路面条件等因素,自动调节再生制动的强度和传统摩擦制动的比例,以优化制动效果和能量回收效率。

(8) 系统监控。电动汽车真空助力系统通常配备有传感器和电子控制单元(ECU),用于监测系统的工作状态,如真空压力、电机温度等,并确保系统在最佳工作状态下运行。

通过上述过程,电动汽车真空助力系统确保了纯电动汽车在没有内燃机产生真空压力的情况下也能提供有效的刹车助力,同时实现了能量的回收和利用。

7. 电动真空助力系统性能参数

电动真空助力系统的性能参数如表 5-1 所示。

表 5-1　电动真空助力系统的性能参数

参数	数值
电动真空泵尺寸	214.5 mm×95 mm×114 mm
真空罐直径	(120×226) mm
工作电流	不大于 15 A
最大工作电流	不大于 25 A
额定电压	12 V (DC)
最大真空度	大于 85 kPa
测试容积	2 L
抽至真空度 55 kPa,压力形成时间	不大于 4 s
抽至真空度 70 kPa,压力形成时间	不大于 7 s
真空度从 40 kPa 抽至 85 kPa,压力形成时间	不大于 4 s
延时模块接通闭合的真空压强	55 kPa
延时时间	15 s
使用寿命	30 万次
工作环境温度范围	$-100 \sim -20$ ℃
启动温度	-30 ℃
噪声	75 dB
真空罐密封性	在 (66.7 ± 5) kPa 真空度下,真空压力降 $\Delta P \leqslant 3$ kPa

8. 电子控制制动系统故障排除

1) 电子控制制动系统常见故障类型

电子控制制动系统由于其复杂性和精密性,可能会出现多种故障。以下是一些常见的故障类型。

(1) 传感器故障。

①轮速传感器故障。这是防抱死制动系统中最常见的故障。传感器可能会因为脏污、磨损或内部故障而无法准确测量车轮速度,导致防抱死制动系统无法正确判断是否需要介入。

②制动踏板位置传感器故障。如果该传感器出现故障,可能会影响制动系统的响应,导致制动效果不佳。

(2) 执行器问题。

①液压调节器故障。防抱死制动系统中的液压调节器负责控制每个车轮的制动压力。如果液压调节器出现故障,可能导致制动压力调节不准确,影响制动性能。

②真空助力系统故障。在某些电子控制制动系统中,真空助力系统帮助驾驶员减轻制动踏板的力。如果真空助力系统失效,驾驶员可能需要更大的力来踩下制动踏板。

(3) 电子控制单元故障。

电子控制单元是整个系统的大脑,负责接收传感器信号并控制执行器。电子控制单元故障可能导致整个制动系统无法正常工作。

(4) 线束与连接器问题。

线束或连接器的磨损、腐蚀、短路或断路都可能导致信号传输问题,影响制动系统的正常运行。

(5) 制动液位低或质量差。

制动液不足或质量差(如含有水分)可能会影响液压制动系统的性能,间接影响电子控制制动系统的正常工作。

(6) 系统自检失败。

当车辆启动时,电子控制制动系统会进行自检。如果自检失败,通常仪表盘上的警告灯会亮起,提示驾驶员系统存在故障。

(7) 软件问题。

电子控制单元的软件故障或版本不兼容也可能导致系统无法正常工作。这通常需要通过专业的诊断工具进行软件更新或重写。

(8) 机械部件磨损。

制动片、制动盘等机械部件的过度磨损也可能影响电子控制制动系统的性能,尤其是在紧急制动时。

(9) 系统压力异常。

制动系统中压力的异常,如过低或过高,都可能影响电子控制制动系统的正常工作,需要检查制动系统的液压部分。

(10) 外部干扰。

电磁干扰、极端温度变化等外部因素也可能影响电子控制制动系统的传感器和执行器,导致系统工作异常。

当车辆的电子控制制动系统出现故障时,通常仪表盘上的警告灯会亮起,这是系统自我诊断功能的一部分,提醒驾驶员需要进行检查和维修。在遇到任何上述故障时,建议及时联系专业的汽车维修服务,以确保车辆的安全性和驾驶性能。

2)故障排除

(1)系统诊断。首先使用 OBD-Ⅱ扫描仪读取故障诊断代码,确定问题所在。故障诊断代码可以帮助识别电子控制单元、传感器、执行器等部件的故障,为故障排查提供方向。

(2)传感器检查。检查传感器的连接是否牢固,信号线是否损坏,传感器本身是否工作正常。使用多用表测量传感器输出电压,与标准值比较,判断传感器状态。传感器的故障可能导致制动系统响应不准确或延迟。

(3)执行器测试。测试执行器是否能正常响应电子控制单元的信号,如制动压力调节阀的开闭、电子真空助力泵的运行等。在安全的条件下,可以尝试手动操作执行器,检查其功能。执行器的故障可能导致制动压力调节不准确,影响制动效果。

(4)线束与连接器检查。检查线束是否有磨损、断路、短路等,连接器是否接触良好,是否有腐蚀或氧化。使用多用表检查线束的导通性和电阻值,确保信号传输正常。

(5)电子控制单元检查。检查电子控制单元的电源和信号线连接以及电子控制单元本身是否正常工作。在某些情况下,可能需要替换电子控制单元进行测试。电子控制单元的故障可能导致整个制动系统失效,需要特别注意。

(6)系统复位。在完成硬件故障排除后,需要对系统进行复位,清除故障诊断代码,确保所有部件都处于初始状态。系统复位是确保系统正常工作的重要步骤。

(7)动态测试。在确保安全的前提下,进行道路测试,检查制动系统在实际驾驶条件下的表现,确认故障是否已经排除。动态测试可以验证制动系统的实际效果,确保驾驶安全。

3)注意事项

(1)在进行电子控制制动系统的故障排除时,应遵循车辆制造商的指导和建议,使用合适的工具和设备,确保安全和效率。

(2)由于电子控制制动系统涉及复杂的电子和机械部件,建议由经过专业培训的技师进行检修,避免因操作不当导致的额外故障。

(3)在处理制动系统故障时,应特别注意安全,避免在系统压力下进行操作,防止意外伤害。

(4)电子控制制动系统故障主要包括制动片磨损严重、制动液液位过低、制动系统漏油、假报警、制动踏板过硬、防抱死制动系统失效、高速踩制动踏板方向盘抖、制动失灵等。

①制动片磨损严重。当制动片磨损到极限位置时,如果制动片带有感应线,感应线会自动接通电路,亮起故障灯,需要更换制动片。

②制动液液位过低。制动液缺失会导致制动力明显不足,甚至失去制动力,警告灯会亮起,需要及时补充制动液。

③制动系统漏油。制动系统漏油直接影响到汽车的技术性能,导致润滑油、燃油的浪费,消耗动力,影响车容整洁,造成环境污染,需要更换衬垫或者油封。

④制动踏板过硬。制动踏板过硬通常是制动真空压力不足造成的,需要检查真空助力器上方的软管是否泄漏或开裂。

⑤防抱死制动系统失效。防抱死制动系统故障灯亮起,可能是因为防抱死制动系统传感器信号缺失或传感器探头有灰尘、铁屑等影响信号的物品,需要汽车诊断电脑检测,读取故障内容对症下药。

⑥高速踩制动踏板方向盘抖。高速踩制动踏板方向盘抖基本上是制动盘的问题,但也要检查悬挂球头是否有缝隙,做一个四轮定位和四轮平衡。

⑦制动失灵。制动失灵包括踩制动踏板时发出吱吱声等,该声音可能是制动片发出的警报,也可能是制动片硬化导致的异响。

这些故障会影响车辆的制动性能和安全性,因此及时发现并解决这些故障是非常重要的。

(5) 判断电子控制制动系统是否正常工作,可以通过以下几个步骤和方法进行检查。

①仪表盘指示灯检查。

检查电子控制制动系统警告灯。当车辆点火时,仪表盘上的警告灯会短暂亮起,然后熄灭。如果车辆启动后警告灯仍然亮着,这可能表明电子控制制动系统存在故障。

注意:在某些情况下,警告灯短暂亮起是正常现象,如车辆刚启动时,这是系统正在进行自检。

②制动踏板体感。

在正常制动过程中,特别是在防抱死制动系统工作时,电子控制制动系统会通过微调制动压力,使制动踏板产生轻微的振动或脉动感。如果感觉制动踏板异常硬或软,或在紧急制动时没有预期的脉动感,可能表明系统工作不正常。

③制动距离与稳定性。

在安全的条件下,测试车辆的制动性能。如果发现制动距离比平时长,或者在制动时车辆出现异常的摆动或侧滑,这可能表明电子控制制动系统存在问题。

④专业诊断工具。

使用OBD-Ⅱ扫描仪等专业诊断工具读取车辆的故障诊断代码。故障诊断代码可以提供关于电子控制制动系统中传感器、执行器或电子控制单元故障的详细信息。

⑤系统自检。

大多数车辆的电子控制制动系统具有自检功能。在车辆静止且发动机运转的情况下,轻踩制动踏板数次,观察仪表盘上的警告灯是否亮起。如果警告灯在自检过程中亮起,表明系统可能存在问题。

⑥定期维护与检查。

定期将车辆送至专业维修点进行维护,专业技师可以使用专业设备对电子控制制动系统进行更深入的检查和诊断。

⑦注意异常声音。

如果在制动时听到异常的声音,如尖锐的啸叫声或摩擦声,可能表示制动系统中的某个部件出现问题,如制动片或制动盘磨损,这也可能影响电子控制制动系统的正常工作。

⑧咨询车辆手册。

车辆手册通常包含关于电子控制制动系统正常工作状态的信息和故障排查指南,可以作为判断系统是否正常工作的参考。

⑨动态制动测试。

在安全的测试场地或道路上,进行动态制动测试,观察车辆在不同速度下的制动表现,包括制动距离、稳定性以及电子控制制动系统的工作情况。

⑩咨询专业技师。

如果以上方法不能确定电子控制制动系统的工作状态,建议咨询专业技师或车辆维修服务中心进行进一步的检查和维修。

通过上述方法,可以初步判断电子控制制动系统是否正常工作。然而,由于电子控制制动系统涉及复杂的电子和机械部件,对于一些深层次的故障,可能需要专业的设备和知识进行诊断和修复。因此,当发现异常时,及时寻求专业帮助是非常重要的。

纯电动汽车电子控制制动系统设计理念深度剖析

学习任务四　再生制动系统检修

1. 再生制动系统的概述

再生制动系统是现代电动汽车和混合动力汽车中的一项关键技术，它在车辆减速或制动时，将通常会以热能形式散失的动能转化为电能，再将这些电能储存在电池中，供车辆后续使用。这一过程不仅提高了能源利用效率，还减少了对传统摩擦制动系统的依赖，延长了制动系统的使用寿命。

1）再生能量

制动时，滚动的车轮因摩擦而减速或停止，一部分制动转矩从轮胎传回电机轴。大多数电机的特点是可以将电能转化成机械能，也可以将机械能转化成电能。这两种情况下的转换效率都很高。

通过使用电机和电机控制器，车轮的制动力被传递给电机轴。电机轴上的磁铁，也称转子（电机的转动部分）。转动的转子穿过定子（电机的静止部分）上的线圈、通过磁铁的磁场产生电，该电能直接给高压蓄电池充电。这个过程叫作再生能量，即"回收能"。

2）再生制动

混合动力汽车的再生制动是通过具有可逆作用的电动机/发电机实现的，如图5-52所示。它既可作为电动机提供驱动力，又可作为发电机提供电。在减速或制动时，电动机/发电机可将其一部分机械能转化为其他形式的能量（电能或化学能等），储存于高压蓄电池中以备驱动时使用。当汽车减速或在公路行驶中驾驶员放松加速踏板行驶或踩下制动踏板停车时，再生制动能量回收系统就会启动。电机制动的方法可分为机械制动和电气制动两大类。电气制动法又可分为反接制动、能耗制动和再生制动三种类型。其中，再生制动又称为回馈发电制动，如图5-53所示。

图 5-52　丰田凯美瑞混合动力系统的 2 号电动机/发电机

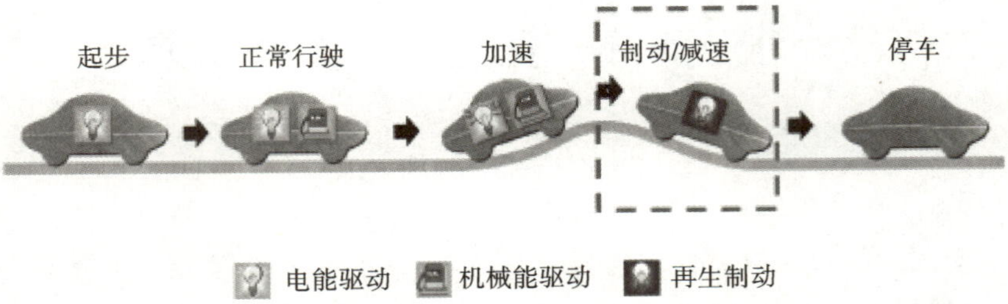

起步　正常行驶　加速　制动/减速　停车

电能驱动　机械能驱动　再生制动

图 5-53　再生制动

2. 再生制动系统的种类

再生制动系统可以根据能量回收和利用方式的不同，分为串联再生制动系统和并联再生制动系统两种基本类型。这两种类型的再生制动系统在能量流通过程和系统架构上存在显著差异，各自具有独特的优缺点和适用场景。

1）串联再生制动系统

在串联再生制动系统中，电动机在车辆减速或制动时转变为发电机，产生的电能直接或间接（通过电力电子转换器）储存在电池中。当需要加速时，电池释放储存的电能，通过逆变器转化为电动机所需的交流电，驱动车辆前进。在这种系统架构下，能量的流动是单向的，即在制动时能量从电动机流向电池，在加速时能量从电池流向电动机。

2）并联再生制动系统

并联再生制动系统则在能量回收和利用的灵活性上提供了更多可能。在并联再生制动系统中，车辆减速时，电动机产生的电能不仅可以储存在电池中，还可以直接用于驱动车辆，即在减速过程中，电动机回收的能量部分用于即时的车辆驱动，部分储存于电池。这种能量流动的双向性使得并联再生制动系统在能量管理上更加灵活，能够根据车辆状态和驾驶需求动态调整能量的回收和利用策略。

3）串联与并联再生制动系统的比较

（1）串联再生制动系统。串联再生制动系统结构相对简单，能量管理逻辑清晰，但能量的二次利用效率可能受到电池充放电效率的限制。

（2）并联再生制动系统。并联再生制动系统的能量管理更为灵活，能够实现即时的能量再利用，但系统设计和控制逻辑相对复杂，需要更高级的电力电子技术和能量管理系统。

4）选择考虑

选择串联再生制动系统或并联再生制动系统时，需要综合考虑车辆的设计目标、性能需求、成本控制以及技术成熟度等因素。例如，追求高能量利用效率和长续航里程的电动车，可能更倾向于采用串联再生制动系统；追求高性能和动态响应的车辆，如高性能跑车和某些混合动力车辆，可能更倾向于采用并联再生制动系统，以实现更灵活的能量管理和更佳的驾驶体验。

随着电动车技术的不断进步和能量管理系统的优化，串联再生制动系统和并联再生制动系统的性能差距正在逐渐缩小，未来可能还会出现更多创新的系统架构和控制策略，以进一步提高电动车的能源利用效率和驾驶性能。

3. 再生制动系统组成

实现再生制动系统需要的混合动力驱动装置组件如下。

(1) 防滑控制电子控制单元。该系统读取制动踏板行程信号,计算应由传动系统提供的额定再生制动力矩。

(2) 混合动力车辆控制电子控制单元。该系统将额定再生制动力矩传输给 MG 电子控制单元,产生再生制动力。

(3) MG 电子控制单元。该系统通过发电机控制电机实现额定制动力矩。

(4) 蓄电池智能单元。该系统提供高压蓄电池充电状态及 SOC 值等数据。

(5) HV 蓄电池。该系统存储产生的电能。

4. 再生制动系统的工作原理

(1) 动能回收。当驾驶员松开加速踏板或踩下制动踏板时,车辆开始减速。此时,电动机转变为发电机,利用车辆的动能来产生电能。这一过程与传统汽车中的发电机的工作过程相似,但发生在车辆减速时。

(2) 电能储存。由电动机/发电机产生的电能被储存在车辆的电池中。在电动汽车中,这些电能可以用于驱动电动机,推动车辆前进;在混合动力汽车中,电能可以用于辅助内燃机,提高燃油效率。

(3) 智能能量管理。再生制动系统通常与传统的摩擦制动系统(使用制动片和制动盘的制动系统)结合使用。在减速或制动过程中,车辆的电子控制单元会智能地分配制动力,优先使用再生制动力,当再生制动力不足以满足制动需求时,摩擦制动系统才会介入。

5. 再生制动系统的优势

(1) 提高能源效率。再生制动系统可以回收车辆减速时的动能,转化为电能,从而减少对电池的依赖,提高能源利用效率。

(2) 延长制动系统寿命。由于再生制动系统减少了对摩擦制动系统的使用,制动片和制动盘的磨损降低,延长了制动系统的使用寿命,降低了维护成本。

(3) 环保。通过减少能量的浪费和对化石燃料的依赖,再生制动系统有助于减少温室气体排放,对环境保护有积极作用。

(4) 提升驾驶体验。在一些电动汽车中,再生制动系统可以提供一种"单踏板驾驶"模式,使驾驶员仅通过控制加速踏板即可完成加速和减速操作,简化了驾驶过程。

6. 再生制动系统的局限性

尽管再生制动系统具有显著的优势,但它也有一定的局限性。例如,在某些极端条件下,如高速行驶时紧急制动,再生制动系统可能无法提供足够的制动力,此时传统的摩擦制动系统仍然至关重要。此外,再生制动系统的效果也受到电池状态和车辆速度的影响,电池接近满电或车辆低速时,再生制动的效率会降低。

总体来说,再生制动系统是电动汽车和混合动力汽车中的一项重要技术,它通过高效地回收和利用动能,提高了车辆的能源利用效率和驾驶体验,同时减少了对环境的影响。随着技术的不断进步,再生制动系统的性能和效率有望得到进一步提升,为可持续交通发展做出更大贡献。

7. 再生制动系统在电动汽车上的应用

再生制动系统在电动汽车上的应用是多方面的,它不仅提高了能源效率,减少了能源浪费,还提升了驾驶体验,延长了车辆的使用寿命。以下是再生制动系统在电动车上应用的几个主要方面。

1) 动能回收与电能储存

再生制动系统在车辆减速或制动时,将车辆的动能转化为电能,储存在电池中。这一过程减少了对传统摩擦制动系统的依赖,同时也为电池充电,提高了电动汽车的行驶里程。

2) 智能能量管理

通过车辆的电子控制单元,再生制动系统可以智能地分配制动力,优先使用再生制动力。在减速或制动初期,车辆会尽可能利用再生制动系统来回收能量,只有当再生制动力无法满足制动需求时,传统的摩擦制动系统才会介入,从而实现能量的高效利用。

3) 提高能源效率与环保

再生制动系统通过减少能量的浪费,提高了电动汽车的能源效率,同时减少了对化石燃料的依赖,有助于减少温室气体排放,对环境保护有积极作用。

4) 辅助驾驶与安全

在某些情况下,再生制动系统可以与车辆的其他辅助驾驶系统(如自适应巡航控制、自动紧急制动等)协同工作,提高车辆的安全性和驾驶辅助功能。

5) 适应性控制

再生制动系统的制动力可以根据车辆速度、电池状态、道路条件等因素进行动态调整,以实现最佳的能量回收效率和制动性能。

6) 能量优化管理

通过车辆的能源管理系统,再生制动系统可以智能地管理车辆的能量使用,根据电池的充放电状态和驾驶需求,优化电能的储存和释放,提升电动汽车的整体能效。再生制动系统在电动汽车上的应用不仅体现了现代汽车技术的先进性和创新性,也反映了可持续交通和绿色出行的发展趋势。随着技术的不断进步和市场需求的增加,再生制动系统的应用范围和功能有望得到进一步拓展和深化,为电动汽车带来更多的性能提升和驾驶体验优化。

8. 再生制动系统构造

再生制动系统的构造通常包括以下几个关键组成部分。

1) 电动机/发电机

电动机/发电机是再生制动系统的核心组件。在正常行驶时,它作为电动机,将电池的电能转化为机械能,驱动车辆前进。而在制动或减速过程中,电动机转换为发电机,将车辆的动能转化为电能。这一过程通过改变电动机的运行模式来实现,通常是在电力电子控制器的控制下完成的。

2) 电力电子控制器

电力电子控制器包括逆变器和整流器,它们负责电能的转换和控制。逆变器将电池的直流电转换为电动机所需的交流电,而整流器则在再生制动时将电动机产生的交流电转换为可以被电池储存的直流电。电力电子控制器还负责监测和控制电动机的运行状态,确保能量的高效转换和系统的稳定运行。

3) 能量存储装置

能量存储装置通常是电池,有时也可能是超级电容器,它们用于储存再生制动过程中产生的电能。电池的类型、容量和充放电效率对再生制动系统的性能有直接影响。高效的能量存储装置可以提高能量回收的效率,延长车辆的行驶里程。

4) 制动控制系统

制动控制系统负责协调再生制动和传统摩擦制动的使用,确保车辆在制动时的平稳性和安全性。这通常涉及制动踏板传感器、制动压力传感器以及相关的电子控制单元。电子控制单元会根据车辆的行驶状态和驾驶员的制动意图,动态调整再生制动和摩擦制动的分配,以达到最佳的制动效果。

5)冷却系统

再生制动过程中产生的电能转换和存储会伴随大量的热能产生,因此,冷却系统对于保护电动机、电力电子控制器和电池等关键组件的性能和寿命至关重要。冷却系统可以是液体冷却、空气冷却或混合冷却方式,确保系统组件在适宜的温度下运行。

6)传感器和监测系统

再生制动系统中还包括各种传感器,如速度传感器、温度传感器等,用于监测车辆和系统组件的状态。这些传感器的数据被电力电子控制器和电子控制单元用来优化再生制动的效率和安全性。

7)能量管理软件

能量管理软件是再生制动系统的大脑,负责协调和优化整个系统的运行。它会根据车辆的行驶状态、电池的充电状态和驾驶员的操作,动态调整再生制动的策略,以达到最佳的能量回收效果。

再生制动系统的构造复杂,各组件之间需要精密的协调和控制,才能确保系统高效、安全地运行。随着技术的不断进步,再生制动系统的性能也在不断提升,为电动车和混合动力汽车的能源效率和驾驶体验带来了显著的改善。

9. 再生制动系统故障分析

新能源汽车再生制动系统故障的原因及解决办法主要包括以下几点。

1)制动片磨损严重

当制动片磨损到一定程度,会导致制动效果减弱,制动距离变长,同时可能伴随着制动噪声的增大,甚至对制动盘造成损伤。建议及时前往专业维修店进行制动片的更换。

2)制动液液位偏低

制动液不足会显著降低制动力,极端情况下甚至可能导致完全失去制动力。车主应定期检查制动液液位,并在需要时到专业维修店补充制动液。

3)制动系统漏油

制动系统漏油直接影响制动效果,导致制动系统故障。建议前往专业维修店进行制动系统的全面检查与修复。

4)电子真空助力泵喷油

部分新装车的电子真空助力泵在工作时会出现从排气孔带出润滑油的现象,这是电子真空助力泵自身缺陷造成的,工作一段时间后可消除。

5)电子真空助力泵机壳带电

出现该问题时需要检查电源线是否接错,如接错应立即纠正此错误连接,同时检查电源插座的地线是否与地连接。

6)总泵堵塞

当踏板位置很低,再踏时位置不能升高,建议到专业的维修厂或者4S店检修总泵。

新能源汽车再生制动系统的优劣势剖析

综上所述,新能源汽车再生制动系统故障的原因多样,车主应及时检查并采取相应的解决措施,以确保行车安全。

课时安排

项目编号	项目名称	课程内容	课时	小计	合计
项目一	新能源汽车底盘整体认知	思政导学 探索新能源汽车发展历程,激发国家自豪感和行业热情	2	4	64
		学习任务一 新能源汽车的发展历程			
		学习任务二 新能源汽车四大系统介绍与整车结合	2		
项目二	新能源汽车底盘传动系统故障排除	思政导学 激发团队合作与积极态度,探索动力前进之道	4	16	
		学习任务一 认知不同传动形式			
		学习任务二 自动变速器拆装检修	6		
		学习任务三 减速驱动桥拆装检修	6		
项目三	新能源汽车底盘转向系统故障排除	思政导学 引领正确方向,塑造成功之路	6	12	
		学习任务一 汽车机械转向系统检修			
		学习任务二 汽车电子动力转向系统检修	6		
项目四	新能源汽车行驶系统故障排除	思政导学 挑战前行姿态,探索工匠精神	4	16	
		学习任务一 车轮与轮胎拆装			
		学习任务二 新能源汽车悬架拆装检修	4		
		学习任务三 新能源汽车四轮定位	4		
		学习任务四 车架与车桥	4		
项目五	新能源汽车制动系统故障排除	思政导学 安全前行,停歇思考,扎根实践,远行未来	4	16	
		学习任务一 新能源汽车制动系统概述			
		学习任务二 制动器结构与拆装	4		
		学习任务三 电子控制制动系统检修	4		
		学习任务四 再生制动系统检修	4		